食育と保育をつなぐ

こどもをまん中においた現場での実践

認定こども園 武庫愛の園幼稚園 園長　栄養士
濱名 清美 著

建帛社
KENPAKUSHA

序

　本書を推薦する。本書の基盤になった論文は，2015年度第64回読売教育賞の最優秀賞になった論文であり，私がこの賞の選考委員を退任した次の年に選出されたので，この選考には関わっていない。しかし，もし選考委員を続けていたら，私もこの論文を選んでいただろうと思ったのである。

　その理由の第1は，現代の家庭が抱える食習慣の劣化が幼児期のこどもの健全な発達に重大な悪影響をもたらすかもしれないという警告を事実に基づいてしているということ。

　第2に，この重大な問題の解決に対し，保育施設における給食体制の果す役割が極めて大きいことを示したこと。

　第3に，この問題解決のために，給食体制の改革を図ろうとしたこと，具体的には，幼稚園教諭であり，保育士の資格をもつ筆者自身が栄養士資格を取得し，「保育者」と「栄養士・給食調理員」との連携を図るキーパーソンの役割を果たそうとしたこと。

　第4に，この給食体制の改革に父母の参加を図り，家庭の食習慣の改善を働きかけたこと。

　第5に，以上のことで，保育という営みの中で，これまで給食活動はともすれば，付随的活動とみなされるか，もしくは，保育とは別の活動のようにみなされてきたが，この実践では，保育の一環として，保育の他の活動と有機的つながりのある活動として位置付けられていること。

　第6に，ここで書かれていることは，筆者が中心となって実践してきた実績の証であること。

　以上の点からこの書は，食育に関わる保育関係者のみならず，子育てに関わる多くの父母の方々に読んでいただきたいのである。ちなみに推薦者である私

は，園内研修を通じて，現在武庫愛の園幼稚園園長である筆者と交流があり，保育に関わる筆者の姿勢を存じ上げている。筆者は，日頃もの静かで謙虚な態度をもたれていながら保育の実践に対し常に真摯で誠実な姿勢をもちつつ，内面には目的に向かってひたむきに突き進む，強い意志と精神をもたれる人である。本書からそうした保育の向上に対する熱き心を読み取ってもらえれば幸いである。

2018年3月

東京学芸大学名誉教授　小川 博久

はしがき

　21世紀における我が国の発展のために，こどもたちの健全な心と身体を培うことの必要性を唱え「食育基本法」が施行されたのが2005年です。その法の中で，こどもたちが豊かな人間性を育み，生きる力を身に付けていくためには，何よりも「食」が重要であることが説かれています。それから10年余りが過ぎ，「食育」という言葉は定着し，教育・保育現場のみならず，広く社会全体や生涯にわたって大切なものであるという意識が根付いてきました。

　特に，幼稚園・保育園・認定こども園においては，さまざまな食育活動が実践されています。しかし，栽培収穫・クッキング保育などイベント的な活動から一歩踏み込み，多面的にこどもたちの育ちを支えていくためには，日々の生活の営みの中で持続可能な「保育」として「食育」を位置付けることが重要であると考えます。園は，こどもたちの生活習慣や自己健康管理能力を形成するうえで重要な役割を担っていることをふまえ，こどもたちが生涯を通じて「食べる喜び」を味わい，豊かで潤いのある生活を主体的に営んでいく力を培っていくためにも「食育」と「保育」をつなぐことが何よりも肝要なのではないかと考えるからです。

　こうした思いから，本書では「食育」と「保育」をつなぐために，第Ⅰ部では「保育者」「栄養士・給食調理員」「家庭（保護者）」をつなげるためのプロセスと具体的な実践事例を紹介しています。第Ⅱ部では，「重なり合う食の課題と保育の課題を探る」と題し，極端に偏食があるこどもと偏食がないこどもの性格・行動傾向，およびその保護者の養育態度等の比較調査の結果をまとめました。第Ⅲ部では，第Ⅱ部の結果をエビデンスとして仮説を立て，それを検証するための保育実践を報告しています。最後に2018年度より改訂（改定），施行された幼稚園教育要領，保育所保育指針，幼保連携型認定こども園教育・保

育要領の中での「食育」についてもふれ，今後の「食育」「保育」はどうあるべきかを考察しました。

この書が，これからの食育と保育を考えていかれる保育者や栄養士・給食調理員・栄養教諭の方々，そして保護者の方々にとって実践の一助となれば望外の喜びです。

2018年3月

濱名 清美

もくじ

プロローグ　本書を執筆した動機
－食育と保育をつなぐ取組みを始めるまで－

---

①なぜ，幼稚園教諭だった私が栄養士の資格を取りに行ったのか ····· *2*

（1）こどもたちの食に異変が　······································ *2*

（2）「保育者の領域」と「栄養士・給食調理員の領域」との狭間で ·· *3*

（3）つなぐ，つながることを目指して　······························ *5*

②重なり合う「食の課題」と「保育の課題」を探る　····················· *7*

（1）保育者間の話し合いで見出された食の課題と

　　保育の課題の共通項　··· *7*

（2）食育と保育をつなぐために　··································· *7*

第Ⅰ部　「保育者」と「栄養士・給食調理員」と「家庭（保護者）」
をつなぐ

第1章　「保育者」と「栄養士・給食調理員」とをつなぐ　···················· *9*

①「保育者」と「栄養士・給食調理員」との話し合いから

　実践に移すまで　·· *9*

②食育と保育をつなぐ実践のための合意形成過程の記録　················ *10*

（1）キーパーソンとなる者が「保育者」と

　　「栄養士・給食調理員」が思いを語り合える場を設ける　·········· *10*

（2）保育者からの思いを伝える　·································· *11*

（3）栄養士・給食調理員からの思いを伝える　······················ *20*

❸「保育者」と「栄養士・給食調理員」をつなぐための展望 ………… *20*

第2章　「保育者」と「栄養士・給食調理員」と「家庭（保護者）」を
　　　つなぐ ……………………………………………………… *22*

❶ こどもをまん中にして「家庭（保護者）」を巻き込む ……………… *22*

❷ こどもをジョイントとしてつなげた3つのファクターの
　あり方を見直す ……………………………………………… *23*

第3章　食育という観点から見直した保育の実践事例 ………… *24*

❶ 園の教育・保育方針を練り直す ……………………………… *24*

（1）栄養士としての筆者の立ち位置を考える ……………………… *24*

（2）栄養士としての専門的知識や食育指導を必要とする
　　保育者からの声 …………………………………………… *25*

（3）「食育基本法」等から園の教育・保育方針を練り直す ………… *26*

❷ 教育・保育と連動させた年間食育指導計画の作成 ………… *28*

❸ 改善された教育・保育方針や
　年間食育指導計画に基づいた保育の実践事例 ……………… *32*

（1）「食べるだけの給食」から「関わる給食」への歩み ………… *32*

（2）こどもたちが主体的に関わる給食への転換と変容 ………… *32*

（3）キーパーソンから各保育者へと広がる食育活動の取組み …… *42*

（4）「畑プロジェクト」を通した食育活動の展開と
　　こどもたちの変容 ………………………………………… *51*

（5）「田んぼプロジェクト」を通した食育活動の展開と
　　こどもたちの変容 ………………………………………… *60*

（6）「雑草園プロジェクト」を通した食育活動の展開と
　　こどもたちの変容 ………………………………………… *68*

vii

第4章　食育という観点から見直した給食と食育指導の実践事例 …… *72*

①給食を見直す ……………………………………………………… *72*

（1）給食の3つのコンセプトに基づいた献立改革 ………………… *72*

（2）給食に関するマニュアルの作成と給食調理員研修の実施 …… *80*

②食育指導を見直す ………………………………………………… *83*

（1）栄養士・保育者・保護者の願いを込め，

給食と直結した食育指導に！ ………………………………… *83*

（2）「給食を生きた教材」とした食育指導の実践事例と

こどもたちの変容 ……………………………………………… *85*

第5章　食育という観点から見直した家庭（保護者）との

連携の実践事例 ………………………………………… *104*

①保護者がこどもの「給食」の様子を知る機会を設ける試み

〜給食参加保育・給食参観・給食試食会・

親子給食・給食バイキング〜 …………………………… *104*

②保護者の食に関する悩みを共有し，改善につなげる試み ……… *106*

（1）保護者対象食育カウンセリング ……………………………… *106*

（2）食育セミナー …………………………………………………… *108*

③家庭（保護者）との連携のその他の試み ……………………… *111*

（1）「愛の園まつり」で親子ふれあい時間を設定する ………… *111*

（2）入園前の保護者説明会で

こどもの食・給食について話をする ………………………… *112*

（3）こどもたちの経験を「可視化」し，保護者に伝える ………… *112*

第Ⅱ部　重なり合う「食の課題」と「保育の課題」を探る

第1章　偏食に関わるこどもの性格・行動傾向の実態を知る ………… *115*

①保育者間の話し合いで見出された食の課題と保育の課題の

　共通項 ……………………………………………………………………… *115*

②偏食があるこどもと偏食がないこどもの性格・行動傾向調査

　および結果 ………………………………………………………………… *116*

（1）極端に偏食があるこどもを対象とした

　　予備調査の結果と考察 …………………………………………………… *116*

（2）極端に偏食があるこどもと偏食がないこどもを対象とした

　　本調査の結果と考察 ……………………………………………………… *116*

③考察　－調査結果からみえてきたこと－ ……………………………… *130*

第2章　偏食に関わる保護者の養育態度・意識の実態を知る ………… *132*

①こどもの偏食の有無による保護者の養育態度の実態を知る ……… *132*

（1）極端に偏食があるこどもを対象とした保護者の

　　養育態度の予備調査の結果と考察 …………………………………… *132*

（2）極端に偏食があるこどもと偏食がないこどもをもつ保護者の

　　養育態度の違い－本調査の結果と考察－ …………………………… *133*

②保護者の食に対する意識を知る ……………………………………… *137*

（1）保護者の我が子の食や給食に対する意識調査 …………………… *137*

（2）保護者の我が子と自身の偏食との関係，および給食を

　　1年間経験したことによる変容に関する意識調査 ……………… *139*

第Ⅲ部　食育と保育をつなぐ保育者の援助

第1章　自ら「もの」「ひと」「こと」に関わる力を育むための 実践記録 ……………………………………………………… **145**

①調査結果から仮説を立てる ………………………………………… *145*

②仮説を検証するための実践事例 …………………………………… *146*

　（1）年中4歳児　女児　Bちゃんの事例 ………………………… *147*

　（2）年中4歳児　男児　Dくんの事例 …………………………… *152*

　（3）年少3歳児　女児　Cちゃんの事例 ………………………… *153*

　（4）年中4歳児　女児　Nちゃんの事例 ………………………… *156*

　（5）年長5歳児　遅い時刻に登園するクラスの事例 ………… *157*

　（6）年長5歳児　男児　Aくんの事例 …………………………… *158*

　（7）年中4歳児　S組の事例 ……………………………………… *160*

③実践記録から読み解くこどもの食の課題と保育の課題 ……… *162*

第2章　食育と保育をつなぐ保育者の援助について考える ……… **165**

①こどもの食の課題と保育の課題を改善するための保育者の援助 ‥ *165*

　（1）偏食・少食など食の課題を改善するための保育者の援助 ‥‥ *165*

　（2）まとめ …………………………………………………………… *172*

②保育現場で感じるこどもの食体験や食環境の変化 ……………… *174*

第3章　幼稚園教育要領, 保育所保育指針, 幼保連携型認定こども園教育・保育要領の改訂（改定）の中での「食育」…………………… **178**

①幼稚園教育要領の改訂について ………………………………… *178*

　（1）幼稚園教育において育みたい資質・能力 ………………… *178*

　（2）幼児期の終わりまでに育ってほしい姿 …………………… *178*

　（3）幼稚園教育要領の中での「食育」…………………………… *179*

②保育所保育指針の改定について ………………………………… *181*

（1）新旧の保育所保育指針の大きな違い ……………………………… 181

（2）保育所保育指針の中での「食育」 …………………………………… 182

（3）食育の推進について …………………………………………………… 183

❸幼保連携型認定こども園教育・保育要領の改訂について ………… 185

（1）幼保連携型認定こども園の教育・

　　保育要領の中での「食育」 …………………………………………… 185

（2）食育の推進について …………………………………………………… 186

❹3法令の改訂（改定）を受けて，これからの「食育」を考える …… 186

終章　本園のこどもの食の様子と給食の変遷 ……………………… 189

エピローグ …………………………………………………………………… 199

さくいん ……………………………………………………………………… 202

プロローグ　本書を執筆した動機　ー食育と保育をつなぐ取組みを始めるまでー

　本書では，筆者が園長を務める認定こども園でのケースを中心として取り上げ，食育と保育のつながりを考えていきたい。

　本園は兵庫県尼崎市の住宅街にある2歳児～5歳児が通園する幼稚園型認定こども園で，2018年で創立50周年を迎える。1968（昭和43）年に幼稚園として開園して以来，自園給食を行っている。そこで考えてきたことは，ただ給食を提供するだけでなく，こどもたちの健康を維持し，食のあるべき姿を伝えたいという思いであった。

　しかし，次第に生活が豊かになるに伴い，消費生活が中心となって外食産業が街に氾濫する時代へと変わっていった。両親の就労や長時間労働，こどもの塾通いなどを例とする社会状況の変化から，家族が一緒にテーブルを囲んで食事をする習慣が崩れ始めるにつれ，給食の際にこどもたちの食への不適応が目立つようになってきたのである。この事態に筆者の食育への関心が明確にならざるを得なかった。

　そこで，家庭における食習慣が崩壊しつつあるという現状を踏まえ，こどもたちの食の見直しの必要性を感じると同時に，園は教育・保育を担い，給食を提供する役割をもつだけではなく，こどもの健全な発達を保障するうえで，食育と保育は欠くことのできないものであるという信念から本書を執筆するに至った。

① なぜ，幼稚園教諭だった私が栄養士の資格を取りに行ったのか

（1）こどもたちの食に異変が

　筆者自身は長年幼児教育の現場に身を置いてきているため，こどもたちの偏食・少食には多少は慣れていたつもりであったが，ここ数年，こどもたちの食の様子や保護者の食に対する考え方が今までとは大きく違ってきていることに危惧することが多くなってきた。

　まず第1にあげられるのは，好き嫌いなどで食べられない食品が多いこどもが増えたことである。おかずには全く手を付けられず白いごはんしか食べられない子，口に入れてもずっと噛み続けて飲み込めない子，ひじきを「黒い虫」，切干し大根を「紐」と言う子，肉を噛み切れない子，野菜をいっさい食べない子，みかんの皮をむけない子，自分でスプーンや箸すら持とうとしない子…。しかも園全体で1人や2人でなく，クラスに数人ということも珍しくなくなってきたのである。そしてこれは，食物アレルギーで食べられないものがある場合や，発達障害などに起因する味覚過敏や視覚過敏等によるこだわりなどがある場合を除いての話である。

　第2には，給食それ自体を拒否するこどもが現れてきたことである。入園してからしばらく経って給食が始まると，登園を渋ったり，泣いて登園してきたりする光景が近年増えてきている。中には，登園後元気に遊んでいても，給食の時間になると配膳された机に着こうともせず部屋の隅でうずくまったり，「眠たい」と訴え，毎日のように職員室のベッドに寝にきたりするこどもが見られるようになってきている。

　第3には，給食に対する保護者の見方に変化が起きてきていることである。以前は保護者に「なんとか少しずつでも嫌いなものが減るように」という構えが見受けられたが，「給食を食べなくても，帰ったらママがドーナツ買ってくれる」「牛乳はこどもが嫌がるので買わない」「こどもが給食を嫌がるので休ませる」「スイカを幼稚園で生まれて初めて食べた」「（給食参観後に）この子が

野菜を食べるのを生まれてから4年間見たことがなかった」「幼稚園に入るまでアンパンしか食べたことがない」という言葉に驚きとやるせなさを感じることが多くなってきた。保護者自身が，こどもの抱える食の問題に対し「なんとかしたい」という気持ちが薄れ，無関心であったり，諦めの気持ちからか正面から向き合わなかったりというスタンスへと変わってきたことを実感せざるを得なかった。

　食べたことのない献立や初めて見る食材に戸惑う，噛めない，歯で噛み切られない，ほおばったままで咀しゃくができない，うまく飲み込めない，量が食べられない等，問題が山積していることに気が付かされた。家庭での食生活が透けて見えるような幼稚園でのこどもたちの様子に出くわす度に，なんとかしなければという焦燥感と，どこから手をつければよいのかわからない不安感にかられる日々が続いたのである。

　こうした事態になったのは，給食の内容に問題があったのだろうか。それとも給食時における保育者の保育のあり方に問題があったのだろうか。いや，それだけではあるまい。家庭における食事のあり方にも問題があるのかもしれない。この事態にどう対処すべきであろうか。対処すべき問題はひとつだけではない。これらすべてを含んだ全体に関わる問題だということである。

　まずは，少なくとも現在の給食体制をそのまま看過するわけにはいかないと考えた。そこで，食育体制全体を根本的に見直すために，食を提供する「栄養士・給食調理員」のあり方と，食を含めた保育に関わる「保育者」のあり方の双方を見ていく必要があることに気が付いた。そのことにより，「保育者」と「栄養士・給食調理員」との間には各々の領域というものが存在することが見えてきたのである。

（2）「保育者の領域」と「栄養士・給食調理員の領域」との狭間で

　これまで，一般的に「保育者の領域」と「栄養士・給食調理員の領域」との間には，踏み込みがたい壁が存在すると思われてきた。というのも「一線を画す」とまではいかなくても，お互いの領分は侵しにくく，ものを言うにしても

躊躇しながら「探る」「お願いする」か，言わずに「諦める」ことが往々にしてあったからである。それはお互いに自分たちの職場の役割を尊重し合わなければ，と思う余りの"わだかまり"といえるものだろう。

　本園においても例外ではなく，「今日の給食の野菜の切り方が大きすぎて食べづらかった」「もっと献立のバリエーションを増やしてほしい」「こどもとクッキングするのに給食さんに協力してもらいたいけど…」など感じることはあっても，いざ伝えようとすると「ここまでお願いしてもいいのだろうか」「忙しいから無理なのではないか」と保育者側から踏みとどまることもあった。

　一方で，栄養士や給食調理員の側には，もっと言い出しにくい状況があったようで，「○○組は残食が多いので，担任の先生がもっとがんばって食べさせてほしい」「食缶のごはんやおかずを最後まできれいにつぎ分けてほしい」「せっかく早く作っても保育が忙しそうで，温かいうちに食べてもらえない」など，思っていても保育者には直接言えない現状があったようだ。

　筆者も自身の子育て経験を通じて「もっとこんな給食になったらなぁ」「こんな食材を取り入れられたらなぁ」「保護者の方やこどもたちにこんな話ができたらなぁ」とか漠然と思うことは多々あったが，実行に移すだけの自信はなかった。言い換えると，一般的な栄養の知識はあっても，給食担当者や保護者に語るにはおこがましいという気持ちが先に立って踏み込めなかったのだと振り返る。このようにもやもやした気持ちを抱えたまま数年が経過した。

　しかし，いかなる家庭のこどもであっても，園での給食や食育体験を重ねることによって健全な育ちを獲得できるようにしなければならないという，ある種使命感のような思いは強まるばかりだった。そのためには，幼稚園教諭である筆者自身が栄養士の資格を取って，給食調理員と保育者との連携を橋渡しするためのキーパーソンとなって，園の食育と保育の充実を図らねばならないと真剣に考えるようになっていった。そう思い始めたあるとき，「管理栄養士」の通信教育のダイレクトメールが目にとまった。通信教育で資格が取れるならと安易な気持ちでいたのだが，いろいろと調べ始めてみると「管理栄養士」の前段階の「栄養士」の資格を取得するためには必ず養成校に2年通わなければ

ならないとあった。これは，仕事やこどもをもつ筆者には，大きく立ちはだかった壁であった。そのため，思いを遂げずに悶々と諦めるか，夢を叶えるか，そのせめぎ合いの中で悩んだ。しかし，問題を解決するには，と思い切って後者を選ぶことにした。

　こうして50歳を過ぎて，18歳の高卒の学生に交じり栄養専門学校の門をくぐったのである。学校に通った２年間は楽しく充実した時間だった。栄養のことだけでなく「調理ができない者は栄養士になってはならない」という学校の方針もあり，調理についても基礎から学び直すことができた。

（３）つなぐ，つながることを目指して

　栄養士の資格を取得して，ようやく筆者がキーパーソンとなって「保育者」と「栄養士・給食調理員」双方の話を聞き，調整をし，提案をすることが可能となった。しかし，現実はそれほど甘くなかった。当事者として同じ土俵に立ってお互いの仕事を知り，尊重していかない限り，それぞれの立場で歩み寄ることなく不満を抱えて終わることになってしまう。または，お互いにとって何かよいことを思いついたとしても，意見を交換することなく机上で潰えてしまうかもしれない。現場に立ってみて初めてそういう思いを経験することになった。

　このような経験から話題提供者としてシンポジウム等に呼ばれることもあるが，その際に，しばしば尋ねられる質問に以下のような事柄があげられる。「自分でも食育と保育をつなげていきたいという思いがあるが，どこから始めていいのかわからない」「保育者と栄養士や調理員とを結び付けて保育を展開していくきっかけづくりが難しい」と。そうしたときに「まずは誰かがキーパーソンとなってください。そして，保育者と栄養士・調理員さんのお互いの立場を尊重しながら，叶えていきたい思いを語り合う場を設けてください」と伝えている。

　こうした質問は調理員サイドからは受けることは皆無で，察するに保育者に物申すということは考えも及ばないことなのであろう。ほとんどがこどもたち

の食環境をなんとかしていきたいと願う保育者側からの質問である。

　しかし，思うだけでは事は動かないのは自明の理で，誰かがアクションを起こさなくては始まらない。それこそ，変えていきたいと念じた者が勇気を振り絞って初めの一歩を踏み出すことで変わっていけると信じている。筆者のように栄養士の資格を取りに行くというのは特殊な例だとは思うが，まずは同僚に相談し，同じ思いでやってみたいという同意を得て，きっかけの場を設定することが大事なのではないだろうか。

　筆者の場合は，栄養士の養成校を卒業し，資格を取ってから復職した。そしてまずは，給食室で調理を手伝うことから始めたのである。短い期間ではあったが，大量調理作業の大変さを目の当たりにし，毎日の苦労を肌で感じた。ここで改めて気付かされたことがあった。それは，こどもたちにおいしく食べてほしいと願う気持ちは保育の領域にも重なることが多く，こどもに対する思いは保育者であろうが調理員であろうが変わりがない，ということである。

　給食の後片付けの後，栄養士や調理員の方々と休憩時間にお茶を飲みながら，自分の描いている夢を聞いていただいた。と同時に，栄養士・調理員の方の思いも聞かせていただいた。「『おいしかった』と言われたときが一番嬉しい」「喜んで食べてほしい」「給食を食べて大きく元気な子に育ってほしい」「残食が多かったら悲しい気持ちになる」と語る調理員の方の表情からは，まるで家庭で我が子に食事を作るかのような気持ちで調理しているということが伝わってきた。

　本園の栄養士・調理員は全員が子育て経験のあるお母さん集団である。保育の現場では，時に担任のことを「幼稚園のお母さんお父さん」という表現を用いることもあるが，まさしく調理員さんたちは「幼稚園のお母さん」なのだと感じた。

　そこから見えてきたことは，「保育者」と「栄養士・給食調理員」は，「保育」と「栄養管理・給食調理」という持ち場が違っても，「こども」という共通部分で重なり合っている和の集合体であるという確信であった。そこから，どのような給食をこどもたちに提供していきたいのかを語り合い，本園の3つの給食

のコンセプトを創生していった（p.15 第Ⅰ部第1章 ❷.（2）4）参照）。

重なり合う「食の課題」と「保育の課題」を探る

（1）保育者間の話し合いで見出された食の課題と保育の課題の共通項

　保育者間で学期末毎や行事の節目毎にこどもの育ちや保育について振り返りを行うなかで，現状のこどもの姿や課題をあぶり出していった。ある話し合いの際，食に限定をした内容で討議を行ったわけではなかったのだが，食に課題を抱えているこどもは，生活面や活動面においても意欲的でなかったり，友だちとの関係づくりがうまくいかなかったりするという共通点があることが見出された。偏食がある子は単に食べものの好き嫌いの問題だけにとどまらず，その子の人間関係や活動に対しても"好き嫌い"が波及しているのではないかというのである。多くの保育者がその意見に共感するところがあり，単なる経験則ではなく，実際にどのような傾向があるのか実態を知ることが，これから先のこどもたちの育ちを支えていくためにも必要であると痛感した。併せて，偏食があるこどもの保護者の意識を調査することで，こどもを取り巻く家庭という環境からのアプローチ（問題への追及）の重要性も感じた。

（2）食育と保育をつなぐために

　こどもの実態をつかむために行った調査の結果（第Ⅱ部参照），偏食は「嫌いな食べもの」という「もの」に限らず，関わるべき「ひと」や，するべき「こと」にも波及しかねない潜在的な問題を含んでいると感じられた。

　そこで，「こどもたちが自らすすんでいろいろな食材や献立を食べていけるようになることで，人間関係や活動に積極的に関わることができるのではないか」という仮説を立て実践研究に取り組むことにした。

　それまでは，漠然と「保育者」と「栄養士・給食調理員」をつなげていくことで食育と保育がつながっていくのではという思いをもっていた。ところが，こどもの食の課題と保育の課題とを重ね合わせていくなかで，それぞれの課題

を克服していくことにより相乗的によい方向に向かっていくのでは，という確信に近い手ごたえを感じ始めていた。このことを契機に，園全体の課題として，こどもたちのよりよい変容を目指していくための食育と保育をつなげるプロジェクトを始動させるに至ったのである。

　以下，本園での実践例を紙面の許す限り著したので，その中のひとつでも「これならば取り組めそう」と感じていただけるものがあれば幸いである。

第Ⅰ部 「保育者」と「栄養士・給食調理員」と「家庭（保護者）」をつなぐ

第1章 「保育者」と「栄養士・給食調理員」とをつなぐ

　プロローグで述べたように，「保育者」と「栄養士・給食調理員」と「家庭（保護者）」とがそれぞれの考えで，思い思いに取り組んでいても，こどもたちの食の改善を図ることは困難である。そこで，何よりも三者をつなぐことが，こどものよりよい育ちを保障していくために必要なことではないかと考えた。

　第Ⅰ部では，食育と保育の体制に目を向け，まず園内において「保育者」と「栄養士・給食調理員」とをつなぐことを試みた。しかし，「保育者」と「栄養士・給食調理員」の連携を通じて食のあり方を変える努力を続けるだけでは十分でないことはもちろんである。そこからさらに「家庭」においても，園での改善の動きをひとつのモデルとして，保護者とも同じ思いをもってつながっていくことが肝要であると考えた。以下，それらに関する取組みのプロセスを記した後に，それぞれの実践についてより具体的に述べることとする。

① 「保育者」と「栄養士・給食調理員」との話し合いから実践に移すまで

　この章では，筆者らが実践した「保育者」と「栄養士・給食調理員」との話し合いから生まれた食育と保育をつなげる一連の流れを紹介することにする。おおまかな流れは，図Ⅰ-1のフローチャートに示した通りである。

10　第Ⅰ部　「保育者」と「栄養士・給食調理員」と「家庭（保護者）」をつなぐ

```
┌─────────────────────────────────────────────┐
│  ①筆者がキーパーソンとなり，「保育者」と「栄養士・給食調理員」が │
│    思いを語り合える場を設ける                          │
└─────────────────────────────────────────────┘
                         ↓
┌──────────────────────┐    ┌──────────────────────┐
│  ②保育者からの思いを      │    │  ③栄養士・給食調理員       │
│    伝える                │    │    からの思いを伝える       │
└──────────────────────┘    └──────────────────────┘
                         ↓
┌─────────────────────────────────────────────┐
│  ④話し合いの内容を整理し，実践していくための手立てを考える    │
└─────────────────────────────────────────────┘
                         ↓
┌─────────────────────────────────────────────┐
│  ⑤実践可能なものから行動に移していく                   │
└─────────────────────────────────────────────┘
```

図Ⅰ-1　「保育者」と「栄養士・給食調理員」との話し合いから実践に移すまで

　以下，フローチャートのそれぞれの項目について，具体的な話し合いや実践の内容を述べることにする。保育者として栄養士・給食調理員とこれからの食育・保育計画を作成するにあたり，実際に話し合った過程の記録とその結果を分析していくことで，食育と保育をつなぐ実践のための合意形成がどのようになされていったかを明らかにしていく。

② 食育と保育をつなぐ実践のための合意形成過程の記録

（1）キーパーソンとなる者が「保育者」と「栄養士・給食調理員」が思いを語り合える場を設ける

　筆者が栄養士の資格を取得したのを契機として，キーパーソン，すなわちこのプロジェクトを中心となって推進する役割を担うことにした。まず，筆者自身が実際に現場に入って給食の調理を手伝うことから始めることにより大量調理作業の労を知り，心よりねぎらった。そして，事前に保育者から汲み取って

いた思いを初めて伝えることにした。仮に保育者全員と給食担当者全員とが話し合う場を設けたとしても栄養士・調理員側からの本音は出にくく、結局保育者側からの要求を断り切れずに意に沿わないまま押し切られるという力関係になることが想像にかたくなかったからである。そこで、こどもたちにどのような食体験をさせていきたいか、こどもたちにとって給食はどうあるべきかなどについて、前もって保育者間で話し合いを行うことにした。

（２）保育者からの思いを伝える
１）「食べるだけの給食」から「関わる給食」への転換

本園には「にこにこ畑」という保育室２つ分ほどの広さの畑がある。その畑で、こどもたちは自分たちが育ててみたい野菜の種を蒔き、苗を植えて生長を観察し、収穫している。また、姉妹園の田んぼを借りて、稲の芽出しから田植え・稲刈り・脱

穀・籾摺り・炊飯までをこどもたちの手で行っている。以前はこうした栽培活動や調理活動は保育者とこどもたちだけで完結していた。

しかし、「食育」を"栽培活動""クッキング"という単発的な活動で終わらせてよいのだろうか。食育を単なるイベント的な扱いではなく、さらに進めて持続可能なものにしていくためにはどうすればよいかという思いが、保育者たちの中で常々頭をかすめていた。

栽培活動もクッキングもできるだけこどもたちの発想や主体性を大切にしているが、自分たちだけのために行うという感がある。食育をイベント的な活動ではなく、持続可能なものにしていくためには「おもしろかった」「楽しかった」のみで終わらせるのではなく、誰かのために役に立つこと、いわゆる「自己有用感」「自己効力感」の育ちへと結び付けていくことこそ大事なのではないかという意見に達した。そう考えたときに、これまで食べることが中心だった給

食の存在を，こどもたちが「誰かのためにやってみよう。やってみたい」と心動かし，主体的に関わる給食へと転換できないかと着想したのである。

　「こどもたちに給食の下ごしらえの手伝いができないか」「にこにこ畑でとれた野菜を給食で使えないか」という保育者側の思いを筆者が栄養士と給食調理員に伝えたところ，どのようなことができるのかを真剣に考えてくれた。具体的には，スナップエンドウや絹さやのすじ取り，ふきのすじ取り，とうもろこしの皮むき，干し野菜作り，そら豆やえんどう豆の豆はずし，玉ねぎの皮むき，野菜切りなどの手伝いができるのではないかという提案が示された。また，畑の収穫物が多いことが前月にわかっていれば給食の献立に組み込むことが可能であるという給食担当者からの意見を得ることができた。このように「給食のおばちゃんのため」「みんなが食べる給食のため」にと感じるとともに，こどもたちが五感を通してやってみたいと思えるものを考え「給食のおばちゃんのお手伝い」という形で始めていった。給食で扱う食材であるため当然のこととして，こどもたちが手伝う前後の衛生管理や，下ごしらえした食材に規定の処理を施すことも話し合った。

　こうして「食べるだけの給食」から「関わる給食」への転換の第一歩を踏み出したのである（詳細な実践事例は，第Ⅰ部第3章以下参照）。

2）給食の献立の改善を考える

　給食の献立の立案は，こどもたちの栄養管理をするうえで栄養士の大きな役割のひとつである。その内容について保育者側から口をはさむことは栄養士のプライドにも関わる越権行為と認識している。しかし，それに対しあえて口に出すことを決意させたのは，毎年度末に行う学校評価のアンケートであった。学校評価の中の給食の項目に記載されていたのは，「揚げ物のおかずが多いように思います」「もっと献立に魚料理を入れてほしい」「給食に牛乳は合わないと思うし，必要ないのではないでしょうか」などの声であった。こどもたちの成長のために給食の内容を共によくしていきたいという保育者の願いを受け，思い切って保護者の生の声を栄養士と給食調理員に伝えることにした。むろん，給食に関する感謝の声や評価も指摘以上に多数寄せられていたので，それを伝

えたうえでの話である。以前から踏襲してきたものを変えるには勇気が必要であることは察するに余りある。しかし，こどもたちのためにという共通の思いを掲げることで，給食の献立を大きく変えることが可能となった（第Ⅰ部第4章および終章参照）。

3）「幼稚園版おふくろの味」を目指して－米を変える・だしを変える－

本園の栄養士や給食調理員は全員が子育て経験者であるため，「どんなものを我が子に食べさせたいか」という観点から共通の話題をもつことで話を広げることができた。後片付けや翌日の仕込みをした後にほっとお茶を飲みながら，肩肘張らずに

思いを交わすなかで出てきた内容が以下である。

こどもたちに給食で食べさせたいもの

・安心・安全なもの
・こどもの成長にとって必要なもの
　（「からだ」だけでなく「こころ」にも「あたま」にもよいもの）
・味覚や食覚の幅を広げるもの
・季節や行事を感じられるもの
・咀しゃくを促すもの
・基本五味を大切にする（特にうま味が感じられるように）
・温かいものは温かいうちに，冷たいものは冷たいうちに
・箸使いが上手になるもの
・食卓から消えつつあるおふくろの味や郷土料理　等々

これらを受け，こどもたちの食生活において何を育て，保障していきたいのかを給食担当者と突き詰めていくなかで生まれるもととなったものが，後述する「武庫・立花愛の園幼稚園の給食の3つのコンセプト」(p.17) である。

では，それらを具現化するためにどのようなことができるのか，やってみた

いことはないかという話に行き着いたときに，それぞれの家庭では大切にしていることでも，現状の給食ではできないと諦めていることはないだろうかという話になった。そこで，給食担当者より主食である米と食材の味の決め手となるだしを大きく変えられないだろうかという声が上がったのである。

　その当時，東日本大震災で被災された直後に転園して来られた方がおられた。その方から食育カウンセリングの希望があり，その際に，こどもに安全なものを食べさせてあげたいからこそ身寄りのない地ではあったが転園を決意したと話を聞かされたとき，その思いの強さに突き動かされたことも大きかった。これらを契機としていろいろと調べ上げ，淡路島の南端にある「里稲作研究グループ　野添農園」と提携するに至った。そこで丹精込めて作られている米は，残留農薬やセシウム134・137とヨウ素131検査等すべての検査項目をクリアした「ひょうご安心ブランド米」として認められており，わざわざ島を越えて納入してもらうところまでこぎつけたのである。

　また，これまでは粉末だしが中心だったが，かつお節・さば節・昆布・しいたけ・いりこなどの天然だしを用い，だしがらも無駄なくふりかけにリメイクするなどの工夫を考案した（下記参照）。

　現在，本園で提供している具体的な献立の一例は，「本園の給食の献立について」（p.76）を参照していただきたい。

【だしがらから作った手作りふりかけ】

〈材料（約10人分）〉

- だしがら　　　　20 g
- 白ごま　　　　　6 g
- 砂糖　　　　　　8 g
- 濃口醤油　　大さじ1 ┐A
- 水25cc

〈作り方〉

①だしがらをフードプロセッサーにかけて粉にして，Aの調味料を加え焦がさないように木べらでかき混ぜながら煮詰める。

②汁けがなくなったら白ごまをからめる。

4）武庫・立花愛の園幼稚園の給食の3つのコンセプトの創生

　前述したように「我が子（幼稚園のこどもたち）にどんなものを食べさせたいか」「どんな献立にしていきたいか」を栄養士・給食調理員と筆者で幾度か話し合いを重ねていった。一方で，保護者を対象としたアンケート結果から見えてきたこともあった。それは，家庭ではカレー・唐揚げ・ハンバーグ・焼き肉・うどんなど，こどもが好むメニューを中心に提供しているという事実である。反対に，こどもが苦手とする献立は野菜を調理したものが多く，中でも酢のものや和えもの・サラダなどを好まず，家庭で食卓に上げても手をつけてくれないといった悩みも記入されていた（図Ⅰ-2・図Ⅰ-3）。

　園の給食もこどもたちが喜べばそれでよいのか。「食べることは生きること」すなわち食は「健康の維持」，そして「生きがい」でもある。食べることに対して関心が向けられないことは寂しいことだと思う。それは，筆者自身が両親の介護を通して痛感してきたことでもある。高齢になって自由に外出することが困難になってきたときに，本当に楽しみとしていたことが食べることだった。そうした状況でも，何でも喜んで食べられる，おいしく食べられる気持ちがあれば幸せなことだと悟った。と同時に，こどもたちが狭い味覚の中で生きてきた場合，大きくなったときに食べる喜びや世界が広がっていくのだろうか，生

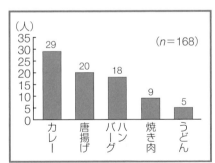

図Ⅰ-2　こどもが一番好きな家庭での献立

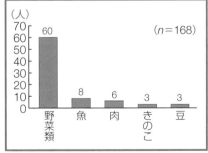

図Ⅰ-3　こどもが一番苦手な家庭での献立（食材）

（家庭でこどもが好む献立・苦手な献立に関する調査結果（上位5位），2013年5月，対象：本園年少組保護者168名）

活に潤いと生きる力がわいてくるのだろうかという思いにもかられた。

　小川雄二は，味覚には発達があり，こどもには多くの味の経験をさせてあげることが「おいしい」という感覚を養うことにつながっていくと述べている。味覚を広げていくこの大事な幼児期に，いろいろな食材に出遭うことで，どんな食材や献立が提供されても「食べてみたい」「食べたらおいしかった」と思える機会を増やし，食べることに対する意欲と喜びを感じられるように努めていくことで，今後のこどもたちの人生を豊かなものにしていけるのではないだろうか。なによりも園にはこどもの成長をあずかるという使命があるのではないか，と強く感じられた。

　近年，母親の就労率が急速に高くなった。加えて，家族が揃って毎日食卓を囲む家庭は，朝食・夕食ともに3割程度しかない（図Ⅰ-4・図Ⅰ-5）。すなわち，7割の家庭では，食事を作る時間帯に家族にこどもを見てもらえないなか調理にあたらないといけないのである。いわゆる「ワンオペ育児[*1]」の状態となっている家庭が多いのである。幼いこどもにとって，空腹時に食事ができ上がるのを待つことは困難であろう。そうした理由も相まって，食事作りに時間

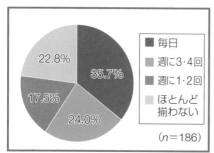

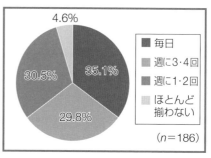

図Ⅰ-4　家族揃って朝食をとる状況　　図Ⅰ-5　家族揃って夕食をとる状況

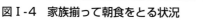

（家族揃って食事をする状況に関する調査結果，2017年5月，対象：本園年中組保護者186名）

[*1] ワンオペ育児：「ワンオペ」とはワン・オペレーションの略。配偶者の単身赴任やひとり親家庭など，何らかの理由で仕事・家事・育児のすべてを一人でこなさなくてはならない状態をさす言葉。

第1章 「保育者」と「栄養士・給食調理員」とをつなぐ　17

表I-1　武庫・立花愛の園幼稚園の給食の3つのコンセプト

1. こどものからだとこころとあたまによいものを
   - 安全・安心なものを！
   - おいしく楽しい食体験でこころを育てる
   - 食べることは生きること。即ち意欲へとつなげる
   - 咀しゃくを促す献立の工夫
2. こどもの味覚や食体験の幅を広げるもの
   - 多様な旬の食材や基本五味，特にうま味を大切に
   - 行事食や季節に合わせた献立
3. 家庭ではなかなか作れないが，こどもに食べさせたいもの
   - 昔ながらのおふくろの味
   - 食卓から消えつつある献立
   - 郷土料理など

がかけられないということも外食・中食[*2]の増加や食事の簡素化に拍車をかけていると考えられる。

　我が子に「こんな食事を作って食べさせたい」という思いがあっても，家庭生活の中では時間的にも環境的にも厳しい状況がしのばれる。家庭では下ごしらえに時間がかかって作れないようなひじきや切干し大根などの乾物や，ごぼう・ふき・うど・ゴーヤ・れんこん・新しょうが・モロヘイヤ・つるむらさき・とうがん・豆などあまり家庭で扱わないような食材を，それならば家に代わって給食で補っていこうという気概が生まれ「本園の給食の3つのコンセプト」を創生するに至った（表I-1）。

　このコンセプトに沿って，栄養士を中心として，給食調理員の方々のアイデアや力も借りながら，旬の食材や和食を中心とした献立を立案していった。コンセプト，すなわち全体を貫く基本的概念が厳然と存在することで，献立作りにぶれが生じにくくなったともいえよう。

───────────

*2　中食：調理済みの弁当や惣菜等を購入し，自宅などで食べること。

18　第Ⅰ部　「保育者」と「栄養士・給食調理員」と「家庭（保護者）」をつなぐ

　改革に踏み切る以前の保護者のアンケートからは，さまざまな意見や感想が寄せられた。「揚げものが多い」という指摘に対しては，1回700食と食数が多いことを理由に冷凍食品を多用していたことを真摯に受け止め，煮もの・焼きもの・蒸しもの・和えものなど油を使わずにできる副菜のメニューを考案したことで，調理方法や調理操作の見直しにもつながっていった。

　「魚が少ない」という指摘に対しては，食数が多くても対応可能な仕入れ先の開拓や，スチームコンベクションオーブン[*3]を駆使した調理方法の工夫なども行った。

　しかしながら，「給食に牛乳は必要ない」という保護者からの要望に対しては保育者側と栄養士側で意見が分かれた。というのも，栄養的に考えた場合，牛乳や乳製品は必要な食材と考えているからである。なぜならば，幼児期に必要なカルシウム量は，その吸収率まで考えると小魚や野菜など他の食材では補いきれない部分があるといわれていることが大きな理由である。乳に対するアレルギーがある場合や乳糖不耐症[*4]のこどもは別として，牛乳を積極的に購入して飲む家庭と，そうでない家庭との間には大きな差があり，入園して初めて牛乳を飲むという経験をする園児も少なくない（図Ⅰ-6・図Ⅰ-7）。そのため牛乳を嫌がるこどもが多いのも否めない。家庭でカルシウムを十分に補えているのであれば，ここまで園が必死になって牛乳を飲ませる必要はないのかもしれない。確かに保護者や保育者が言うように，和食中心の給食に牛乳はそぐわず，牛乳をとることで満腹になってしまうことも十分考えられる。給食担当者からは，「補食的に午前中に飲んではどうだろうか」という提言もなされた。しかし，保育者からは「午前中に保育を中断して牛乳を飲ませると，準備・片付けで時間がとられてしまう。幼稚園型認定こども園[*5]であるがゆえに教育・

───────────

＊3　スチームコンベクションオーブン：ファンにより熱風を強制対流させるオーブン。熱風または蒸気を利用して「焼く」「蒸す」「煮る」「炊く」「炒める」などを組み合わせて調理できる多機能な加熱機器で，現場では「スチコン」と略して呼ばれることも多い。
＊4　乳糖不耐症：乳糖分解酵素の欠乏により，あらゆる乳製品に含まれる乳糖が消化できない状態のことで，下痢や腹痛を引き起こしたりする。

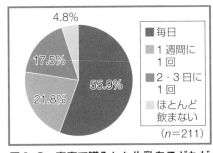
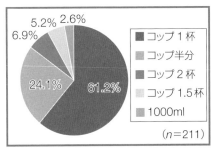

図Ⅰ-6　家庭で購入した牛乳をこどもが飲む頻度　　図Ⅰ-7　家庭で1日にこどもが飲む牛乳の量

(家庭での牛乳摂取に関する調査結果（乳アレルギーや乳糖不耐症を除く），2017年5月実施，対象：本園・姉妹園年少組保護者211名)

保育時間が限られており，こどもたちが十分遊び込めたり活動したりすることのほうを保障したいので，午前中に牛乳を摂取することはできれば避けたい」という意見が大半であった。

このように「保育者」と「栄養士」との立場の違いによって考え方に離齬はみられたが，現在もカルシウム補給という形で，補食的ではなく給食時間中に摂取することで合意している。一方で，保護者にはなぜ給食時に牛乳を飲むのかということを，給食便りや保護者対象の食育セミナー等を通じて，その意義を啓蒙しているところでもある。

この件に関しては，2017年5月に神戸大学附属幼稚園に教職員全員で教育・保育の質の向上のため保育見学に伺った際に，園児たちが自分たちのペースに合わせ，午前中の保育時間内に牛乳とおやつの用意してあるところに行き，各々

＊5　幼稚園型認定こども園：2015年施行の「子ども・子育て支援新制度」の下の認定こども園には幼保連携型と幼稚園型，保育所型，さらに地域裁量型の4種類がある。本園は幼稚園型認定こども園で，認可幼稚園が母体となり，長時間保育が必要なこどものために朝7時から夜7時まで保育所的な機能を備えた施設として教育・保育を行っている。1号認定（教育標準時間認定：満3歳以上で国基準では4時間の教育を受けるこども。本園では5時間の幼稚園教育を行っている）と保護者の就労等などの理由により長時間保育が必要な2号認定（保育標準時間11時間認定と保育短時間8時間認定：満3歳以上）と3号認定（2号認定と同様：満3歳未満）の園児が通園している。幼稚園型認定こども園の教育・保育内容は，幼稚園教育要領に基づくことが前提となっている。

が自由に喫食している実例を目の当たりにしたことで，本園においても検討する余地を感じているところでもある（p.196，終章「食育と保育をつなぐ実践を行った後の学校評価アンケート」参照）。

（３）栄養士・給食調理員からの思いを伝える

　給食担当者からの一番の願いは「残食量を減らしてほしい」という思いであった。栄養士は毎日残食調べを行い，残食量が多い献立は調理法や味付けを工夫するなどの改善も試みていた。しかし，それだけで解決できるものではなかった。「先生たちにも現状を知ってほしい」と請われ，保育者自身も残食調査に参加させてもらうなかで初めて気付いたことがあった。残食内容・量から自分のクラスだけの問題でなく，園全体の課題であり，やはり保育者の食べさせ方にも大きく関わるところがあるのではないかという結論に達した。

　特に，野菜と魚の残食が多く，なぜ食べられないのか，その原因はどこにあるのか，どうすれば口にすることができるのか…，保育者間で頭をつき合わせた。何よりもこどもたちのほうから「食べてみたい」という動機付けが湧かない限り食べさせることは困難である。保育者の援助として無理矢理食べさせることはあるべき姿ではないことも明らかである。

　残食調査を通して思い至ったのが，こどもたちに食べてほしいと願う食材との距離感を縮める保育の工夫であった。具体的には，第Ⅰ部第３章の保育の実践事例を参照にしていただきたい。また，資料としてまとめたものが，表Ⅰ－2「年間食育指導計画」（p.30～31）である。

❸ 「保育者」と「栄養士・給食調理員」をつなぐための展望

　「保育者」と「栄養士・給食調理員」をつなぐためには，何よりもお互いの立場を尊重することや，それぞれの持ち場の仕事内容や苦労を知ることが，語り合う場を設けるうえで重要である。それを察することなく自分の思いや要求だけを通そうとすれば溝は深まるばかりである。保育者が給食室に入って調理

を手伝うことには無理がある。しかし，栄養士や調理員自身が，給食を配膳する保育者の姿や，こどもたちの食事をする様子を見ることは可能であろう。時には栄養士や調理員がこどもたちと共に給食を食べることで生の声や反応を感じる機会をもつことができれば，よりよい関係が構築されると思われる。

このような交流の機会を幾度か重ねることにより，お互いの思いを出し合える土壌づくりが可能となる。そうした風土が生まれたところで，こどもたちのための課題や発想などの気付きを伝え合い，お互いの立場から接点を見出し，さらなる改善や実践に移していけると考える。

参考文献

- 小川雄二，子どもの食と栄養演習，建帛社，2016
- 小川雄二，成長期の栄養生理学（3），こどもの栄養，1997
- 西島基弘・一戸正勝編著，図解食品衛生学第4版，講談社，2010
- 内閣府・文部科学省・厚生労働省，子ども・子育て支援新制度ハンドブック，2014
- 川端晶子・畑明美，Nブックス調理学，建帛社，2010

第 I 部 「保育者」と「栄養士・給食調理員」と「家庭（保護者）」をつなぐ

第2章 「保育者」と「栄養士・給食調理員」と「家庭（保護者）」をつなぐ

1 こどもをまん中にして「家庭（保護者）」を巻き込む

　第1章では，園内において「保育者」と「栄養士・給食調理員」をつなぐ試みを行った。しかし，いくら「保育者」と「栄養士・給食調理員」が向き合って努力を重ねたとしても力は及ばない。そこには「家庭」，いわば「保護者」の意識が大きく関係していることが明らかだからである。

　そこで，「家庭（保護者）」というファクターと園とをどのようにつなげていけばよいのかが次なる課題であると感じた。そして，「家庭との連携」を結んでいくための保育の方向性や手だてはどうあるべきかを職員間で話し合いを繰り返した。

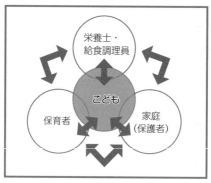

図 I-8　こどもをまん中にした高め合う関係づくり

保護者に配布するプリントなどの資料だけで本当に啓蒙できているのだろうか？　もっと保護者自身が園での我が子の様子や，我が子以外のこどもたちの食の実態を知る必要があるのではないか？　保護者自身が家庭の中だけでなく園の中でも実践できる食育があるのではないか？

　議論の中で出てきた課題は，「保育者」「栄養士・給食調理員」「家庭（保護者）」の三者が並列的に存在し，それぞれの持ち場でそれぞれの役割を果たすだけに終始していたことで，こどもに対する一貫性のない関わりがあったのではないかということだった。それをつなげ，つながっていくためには，図I-8のようにこどもをジョイントとしてまん中に据えることで，お互いに高め合う関係づくりの構築が必要であるという方向性が導き出された。

② こどもをジョイントとしてつなげた３つのファクターのあり方を見直す

　「保育者」「栄養士・給食調理員」「家庭（保護者）」の三者がこどもをまん中にしてつながったことで，相乗的にこどもたちの成長を支えていける流れを生み出す関係づくりが可能となった。そこで，幼稚園だけでなく家庭においても食育を土台とした保育（子育て）のあり方を共に目指し，高め合っていくためには，「保育者」「栄養士・給食調理員」「家庭（保護者）」とが，こどもに対する思いや考えを出し合い，共通の意識で臨んでいくことが肝要であると考えた。

　以下の章では，食育という観点から「保育」「給食・食育指導」「家庭（保護者）」との連携について見直しを行った取組みを記す。

---

①保育を見直す（p.24，第３章）
②給食・食育指導を見直す（p.72，第４章）
③家庭（保護者）との連携を見直す（p.104，第５章）

　これらを柱にそれぞれを融合させながら行ったより具体的な実践事例を上記①〜③の項目別にあげることにする。

第Ⅰ部 「保育者」と「栄養士・給食調理員」と「家庭(保護者)」をつなぐ

第3章 食育という観点から見直した保育の実践事例

1 園の教育・保育方針を練り直す

(1) 栄養士としての筆者の立ち位置を考える

　本園は2011年1月に兵庫県より認可された認定こども園であり，2〜5歳の園児が月曜日〜土曜日の朝7時〜夜7時まで通園する施設である。幼保連携型ではなく幼稚園型の認定こども園であるため，教育・保育内容は，「幼稚園教育要領」に基づくことが前提となっている。

　本園ではコアとなる園生活の中心の5時間は，各クラス担任が行う「幼稚園教育時間」として据えている。「幼稚園教育時間」は1号・2号認定のこどもたちを号数によって分けずに3歳児・4歳児・5歳児の年齢別のクラス編制としている。園児の大半は1号認定で，「幼稚園教育時間」終了後に降園していく。

　一方で，保護者の就労や子育て支援等の理由で長時間保育を必要とするこどもは，「幼稚園教育時間」の前後の時間帯を，「ホームクラス」と呼称する縦割り保育[*6]のクラスで生活している（ただし本園では2歳児の3号認定のこどもは同じクラスで長時間過ごしている）。

＊6　縦割り保育：年少（3歳）児・年中（4歳）児・年長（5歳）児という年齢区分でクラスを構成するのではなく，異年齢のこどもでクラスやグループを作って行われる保育のことである。縦割り保育のねらいは，少子化できょうだいや近隣のこどもたちと交わる機会が少ない現代において，こどもたちが年齢の枠を越えて共に学び合うことで，社会性や協調性，思いやりの気持ちなどが育まれることを期待している。

また，戦後廃墟と化した尼崎市からの要請を受け「戦後復興は幼児教育から」という本園創始者の思いで学校法人立の私立幼稚園として創設した経緯もあり，「以愛為園」，すなわち「愛を以って園と為す」という建学の精神と，「幼児教育」に対する思いは，認定こども園に移行した現在でも変わることなくもち続けている。

どの幼稚園・保育園・認定こども園等でも同様であろうが，どのようなこどもに育ってほしいかという園の教育・保育方針にかける思いは園の根幹をなす大切なものである。それゆえに「食育」を本園の教育・保育方針の中にどのように位置付けるかは想像する以上に時間を費やすこととなった。

というのも，今でこそ筆者は園長という肩書を有しているが，園に復職する以前は休職して栄養専門学校に通っていたため，教職員とのコミュニケーションがほとんど取れていない状況であったからである。にもかかわらず，筆者が栄養士の資格を取得したからといってトップダウン的にビジョンやスローガンを掲げ，旗を振ったところで，独りよがりのパフォーマンスに終わってしまうことがみえていた。何よりもそうすることだけは避けようと考えていた。

園における保育者とこどもたちとの関係性同様，まずは教職員と筆者との間で信頼関係を図り，保育者の側から食育の必要感を感じて声を発してもらうことで真の教育・保育方針となり，根付いていくのではないかと思ったからである。そこで，保育者に栄養士として筆者ができることを提示し，それを知ってもらうことから始めた。保育者は，教育・保育計画や一日の生活の組み立てや流れに即して保育を行っている。そのことを十分承知しているので，できるだけ押しつけにならないように，保育の中で筆者自身を活用してもらうことがあれば声をかけてほしいというスタンスで臨んだのである。

（2）栄養士としての専門的知識や食育指導を必要とする保育者からの声

筆者が復職してからは，現場の保育者が必要性を感じて発する声を受け，4月・5月には以下のことを中心に取り組み始めた。

26　第Ⅰ部　「保育者」と「栄養士・給食調理員」と「家庭（保護者）」をつなぐ

- 給食における食物アレルギー研修（二次的混入*7を防ぐための安全管理，食物アレルギーを本人や他のこどもにどう理解させるか，誤飲・誤食等緊急時の対応マニュアル，エピペン*8の練習など）
- 新入園児の給食の様子からの課題の見取りと，援助方法の立案と振り返り
- 学級懇談会時に保護者向けに配布するこどもの食の現状と家庭での取組みについての資料作成および講話
- 年中・年長児対象の給食時のマナーや箸使いについての食育指導など

　上記のような実践の積み重ねを行うなかで，次第に教職員との関係が構築されていくことを肌で感じることができてきた。保育者からも，食育の大切さや，教育・保育の中で欠けていたものが何であるかを日常的な会話から汲み取れるようになった。そのような風土が生まれたとき初めて「こどもたちの成長を支えるためには，まずはこどもたちのからだをしっかりとつくり，そのうえで園の方針の中心に食育を据えて教育・保育を見直すべきではないか」という方向性が見え始めてきたのである。そうした考えの下，保育者間で教育・保育方針を見直す話し合いの機会をもつに至ったのである。

（3）「食育基本法」等から園の教育・保育方針を練り直す

　園の教育・保育方針を見直すにあたり，我が国の食に関する現状や法律，基本計画についても学び直していった。これらのことに関する知見は，栄養専門学校の履修科目の中にも含まれていた。再びそれを紐解くことで，幼児期のこどもの育ちだけでなく，こどもたちが大人になったときにどうなっていてほしいのかを考える道標ともなった。

---

*7　二次的混入：本来原材料には使用していなくても調理器具の共有や，配膳時に誤ってアレルゲンが混入したりすること。給食時など，他の園児がアレルギー児の皿にアレルゲン食品を入れたり，当児が他児の給食を口にしたりすることなども考えられる。

*8　エピペン：アドレナリン（エピネフリン）自己注射薬の商標名。ペン型の容器に薬液と注射針が内蔵され，安全キャップを外して大腿部前外側に強く押し付けることで，アナフィラキシーが起こった際に一時的に緩和するためのもの。一般的には体重15kgを超えると処方可能といわれている。本園でも数名の園児のエピペンを園で預かっている。

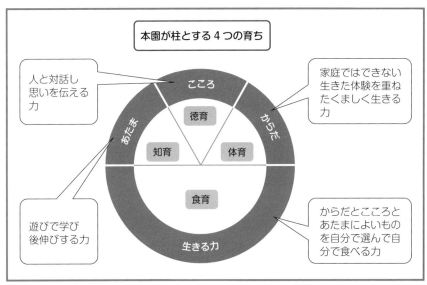

図 I-9 本園の教育・保育方針

　2005年7月に施行された「食育基本法」では,「食育を,生きる上での基本であって,知育,徳育及び体育の基礎となるべきものと位置付けるとともに,様々な経験を通じて「食」に関する知識と「食」を選択する力を習得し,健全な食生活を実践することができる人間を育てる食育を推進することが求められている」と明記されている。

　ところで,「食育」という言葉は,明治の陸軍漢方医 石塚左玄が『通俗食物養生法』で1898（明治31）年に用いた造語である。石塚は,教育の3つの礎となる知育・徳育・体育も,まずは食に関する教育,つまり「食育」があってこそ,と述べている。

　同様に,村井弦斎は,1903（明治36）年の報知新聞の連載小説『食道楽』の中で,「小児には知育よりも体育よりも,食育が先。体育,徳育の根源も食育にある」と著している。

　これらの考え方は現代にも大いに通じるものがあり,「食育基本法」と併せて教育・保育方針を見直す根幹となった。保育者間での話し合いの結果,図 I-9

のように，教育の礎となる3つの「知育」・「徳育」・「体育」に加え，それらの土台に「食育」を据えて，そこから育まれる4つの育ちを教育・保育の柱として創生するに至った。

特に「食育」の中で育みたいものは「からだとこころとあたまによいものを自分で選んで自分で食べる力」である。これらは女子栄養大学名誉教授岡﨑光子が唱える「食物選択能力」と「自己管理能力」を複合し，幼児に合わせた本園独自の方針として掲げたものとなっている。

 教育・保育と連動させた年間食育指導計画の作成

「食育」の実践集などでは，ともすると"栽培活動""クッキング"という単発的な活動事例が多いように感じる。本園も初めはそうした取組みから行っていった。しかしながら，食育を単なるイベント的な扱いではなく，さらに進めて持続可能なものにしていくためには，「食育」をこどもたちの園生活の中に落とし込み，「教育・保育課程」「指導計画」に絡めて立案することが必要であるという考えに至り，「年間食育指導計画」を作成した（表I-2参照）。

また年間食育指導計画を作成するにあたり，2004年に厚生労働省雇用均等・児童家庭局が「食育基本法」の考え方を受けて発した「食育の5項目」の中の3歳以上児のねらいを参考とした。

幼児教育というものの性質上，5領域が複雑に絡み合い相乗的にこどもの育ちを支えているのであるならば，食育も教育・保育課程の中に組み入れられてしかるべきものととらえ，試行錯誤を繰り返しながら実践を行っている。

現在は，2017年3月に告示された「幼稚園教育要領」の内容に合わせ，さらなる見直しを進めていかねばならないと考えているところである（終章参照）。新しい幼稚園教育要領には「幼児期の終わりまで育ってほしい姿」として「10の視点」が掲げられている。その中でも「健康な心と体」が大項目として取り上げられており，本園の教育・保育方針および給食の3つのコンセプトを裏打ちするものとしてこれからも自信をもって推進していきたいと考えている。

第3章　食育という観点から見直した保育の実践事例　*29*

【**食育の5項目**】　厚生労働省雇用均等・児童家庭局，2004年（一部抜粋）

「**食と健康**」：食を通じて健康な心と体を育て，自らが健康で安全な生活をつくり出す力を養う

「**食と人間関係**」：食を通じて，他の人々と親しみ支え合うために，自立心を育て人と関わる力を養う

「**食と文化**」：食を通じて，人々が築き，継承してきた様々な文化を理解し，つくりだす力を養う

「**いのちの育ちと食**」：食を通じて，自らも含めたすべてのいのちを大切にする力を養う

「**料理と食**」：食を通じて，素材に関心を向け，素材にかかわり，素材を調理することに関心をもつ力を養う

30　第Ⅰ部　「保育者」と「栄養士・給食調理員」と「家庭（保護者）」をつなぐ

表Ⅰ-2　年間食育指導計画

○○○○年度　認定こども園　武庫愛の園幼稚園　年間食育指導計画

食育に関する園目標：からだとこころとあたまによいものを知り，自分で選んで自分で食べる力を身に付ける

年間目標	食の楽しさ大切さを知る	
期	1期（4月・5月）	2期（6月〜8月）
食育に関する行事 （抜粋）	●給食開始 ●給食参観・給食試食会（年少） ●親子給食（年中） ●武庫川園外保育（よもぎ摘み）（年長） ●雑草園でよもぎ摘み（年中）	●磯遊び（海の生物・貝・海藻の発見・飼育）（年長） ●宿泊保育（カレー作り・飯ごう炊さん）（年長）
田んぼ活動	芽だし　⇒　代掻きを兼ねた泥んこ遊び　⇒　田植え	
畑活動および プランター等での 栽培活動	●栽培する野菜を自分たちで決める ●野菜の苗当て ●夏野菜の苗植え（きゅうり・なす・おくら・ゴーヤ・トマト・ミニトマト・すいか・ししとう・万願寺唐辛子・メロン・かぼちゃ等） ●いちご狩り・そら豆・スナップエンドウ絹さや・玉ねぎ・春キャベツの収穫等	●新じゃがの収穫 ●夏野菜の収穫（きゅうり・なす・おくら・ゴーヤ・トマト・ミニトマト・すいか・ししとう・満願寺唐辛子・メロン・かぼちゃ等） ●夏野菜の観察記録・世話 ●コンポストで残飯を土にリサイクル（微生物の力を借りて植物連鎖を知る）
給食のお手伝い	●スナップエンドウのすじ取り・絹さやのすじ取り・ふきのすじ取り・そら豆やえんどう豆の豆はずし・玉ねぎの皮むき・たけのこの皮むき等	●とうもろこしの皮むき・新じゃがの収穫・ゴーヤの収穫等
調理体験等	●よもぎ団子作り ●いちごジャム作り ●春野菜クッキング（そら豆の塩ゆで・焼きそら豆・春キャベツ炒め等） ●玉ねぎの皮で絞り染め ●だし作り体験	●新じゃがクッキング（ゆでじゃが・ポテトチップス・焼きじゃが・じゃがもち等） ●夏野菜クッキング（夏野菜のピザ・味噌汁・浅漬け・夏野菜スパゲッティ等） ●園芸の夏みかんでマーマレード作り ●梅のヘタ取り・梅ジュース作り ●しそジュース作り ●宿泊保育でカレー作り・飯ごう炊さん

食育指導			
年少	給食のときの正しい座り方	4つのお皿（正しい配膳の仕方）	スプーンと箸の正しい持ち方
年中			箸の正しい持ち方と箸使いのマナー
年長	骨と歯とカルシウムのお話（骨格系）	バランスよく食べる	4つのお皿 からだをつくる（赤） からだを動かす（黄） からだを守る（緑） うまく味を感じる（白）

第3章　食育という観点から見直した保育の実践事例　*31*

期	3期（9月〜12月）	4期（1月〜3月）
食育に関する行事 （抜粋）	●お月見会 ●ぶどう狩り（年長） ●愛の園まつり・親子ふれあい時間 ●いもほり遠足（年少・中・長） ●クリスマス会 ●もちつき会	●避難訓練（非常食整理） ●どんどや　　●節分 ●ひなまつり会 ●元気に歩こう元浜緑地（炊き出し） ●親子バイキング（年長） ●園内お別れ会（おにぎりパーティー）
田んぼ活動	稲刈り⇒天日干し⇒脱穀⇒籾摺り⇒羽釜で炊飯⇒しめ縄・わらの家作り	
畑活動および プランター等での 栽培活動	●さつまいもの収穫 ●園庭のぎんなん拾い ●冬野菜の苗植え・種まき（白菜・レタス・小松菜・大根・にんじん・芽キャベツ等） ●春野菜の苗植え・種まき（キャベツ・そら豆・ブロッコリー等） ●いちごのランナーを育て，プランターに移植する	●春野菜の苗植え・種まき（玉ねぎ・じゃがいもの種いも等） ●いちごをプランターから畑に地植えする ●キャベツやブロッコリーはすべて収穫せずあえて高く生長させ，こどもたちの科学的な目を培ったり，モンシロチョウの産卵場所にする
給食のお手伝い	●園庭の柿の収穫（柿なます） ●干し野菜作り（玉ねぎ・にんじん・きのこ類・さつまいも等） ●愛の園米の収穫とおにぎり作り	●冬野菜の収穫と野菜切り・味噌汁作り ●おにぎりパーティーでおにぎりを作る
調理体験等	●園庭のびわでびわジャム作り ●ぶどうゼリー・ぶどうジャム作り ●さつまいもクッキング（茶巾絞り・大学いも・干しいも・スイートポテト・おさつ蒸しパン・さつま汁・さつまいもホットケーキ等） ●ドラム缶の焼きいも器で石焼きいも作り ●ぎんなんを炒って食べる ●干し柿・合わせ柿作り ●スダジイを炒って食べる ●どんぐり染め　●月見団子作り ●クリスマスケーキ作り（食パンを使ったケーキやホットケーキにトッピング等）	●冬野菜クッキング（白菜の浅漬け・白菜や小松菜の味噌汁や炒め物・小松菜のおひたし・白菜のごまよごし・ゆでブロッコリー・芽キャベツのスープ等） ●どんどやで燃やした飾りについているだいだいを使ったあぶり出し体験 ●クラスごとのお別れ会クッキング（たこ焼き・ホットケーキ・ポップコーン等） ●ひなまつりのはまぐりの貝殻を集め，はまぐり合わせの貝遊び体験

食育指導	年少 年中 年長	青魚の話（血管・循環器系）	ウンチと食物せんいの話（消化器系）	咀しゃくの話（しっかりかむと，いいこといっぱい）	おせちの話	風邪から体を守る手洗い・うがい・ビタミンの話	節分・豆まき・大豆のパワー	1年間のまとめや振り返り

3 改善された教育・保育方針や 年間食育指導計画に基づいた保育の実践事例

（1）「食べるだけの給食」から「関わる給食」への歩み

　本園では休みの日や特別の日以外毎日1回は給食を食べるため，その意味は大きい。しかしながら，こどもたち自身が給食に主体的に関わりをもつことは以前にはなかった。前述したように，保育者間の話し合いの中で，食育をイベント的な活動ではなく，持続可能なものにしていくためには「おもしろかった」「楽しかった」のみで終わらせるのではなく，こどもたちが「誰かのためにやってみよう。やってみたい」と心動かし，「自己有用感」「自己効力感」の育ちへと結び付けていくことこそが大事なのではないかという道筋を立てた。

　そこで着想したのは，

| 給食調理員さん＝作る人 |　　| こどもたち＝食べる人 |

という構図を切り崩すことからまず始めることであった。これまで食べることが中心だった給食の存在を，こどもたちが「給食のおばちゃんのために」「みんなが食べる給食のために」と感じるとともに，こどもたち自らが五感を通してやってみたいと思えるものを保育者と栄養士・給食調理員で知恵を絞り，意見交換を行い「給食のおばちゃんのお手伝い」という形で始めていったのである。

　以下，主体的に関わる給食へと転換するための保育と給食をつなげていった実践事例をいくつか紹介する。

（2）こどもたちが主体的に関わる給食への転換と変容

> **実践事例1**　ふきのすじ取りと巨大ふきの葉天ぷら　……… 年長児／5月

　本園のこどもたちは給食を通して多様な食材に出会い，喫食している。しかし，調理されたものを食べたとしても，その食材がどのような姿をしているのか，どれくらいの大きさなのかを知ることとは別物である。「ふき」もそのひ

とつである。ふきは家庭では調理済みの料理を見ることはあっても、その大きさをこどもたちが感じることはまずできない食材である。調理前の食材本来の姿を見て、手に取って、下ごしらえの手伝いをすることは、こどもたちにとって貴重な経験となるのではないだろうかと考え取り組むことにした。

　今回、すじ取りをするまで、クラスのこどもたちが知っていた「ふき」とは、"おべんとう"の手遊びの中に出てくる「すじのとお～ったフ～キ！」という音節でしかない印象だった。手遊びをした後に「ところでふきって何か知ってる？」と尋ねると「ん～？　食べもの？」と曖昧な様子。「今日は特別にふきを持ってきました」と、巨大な葉がついたままの本物のふきを取り出すと「えー！　でかっ！」とその大きさに驚嘆の声。自分と背比べをしたり、「見て！　トトロの傘」と、ふきの茎を持って葉の部分を高くかざし、傘に見立てたりする姿もあった。

　ふきの手遊びをしたことで、「すじって何」と不思議そうに尋ねる声も上がり、担任が下茹でしたふきを手に取り、こどもたちの目の前で実際にすじを取って見せた。すると、目を丸くして「へぇーそんなことになってるんや」とすじの存在を初めて知ったこどもたちが多かったのも印象的であった。

　「でもなぜ、すじを取るの？」と疑問に感じるこどもも多く、この疑問こそが食材の下処理を経験する醍醐味ではないかと感じた。そこで、逆に「なんですじを取るんだと思う？」とこどもたちに投げかけてみた。「う～ん、なんでやろ」と悩む声が多い中、「すじがあると噛み切れないんちゃう」という発言が。

途端,「あ～, そうかも」「噛んだら口の中がすじだらけになる」と得心した様子だった。

普段何気なく食べている給食や家庭の料理ははじめからでき上がっているのではなく, 食材の調達・下処理・調理・盛り付けの一連の過程があるからこそ食べられるものである。その中の下処理という工程には, ただ調理するだけでなく"よりおいしく""歯ざわりよく""食べやすく"と, 食べる相手を思いやる気持ちを込め, さらにひと手間かけて, 工夫が凝らされているのである。下処理に込められた思いを伝えると「よしっ！ まかせて！」「いくぞー！」と張り切る姿が見られた。初めての経験とは思えないほどきれいに, そして丁寧にすじを取るこどもたちの様子に驚かされたが, それは食べる相手を思う気持ちの表れだと感じられた。

いよいよ, 待ちに待った給食の時間。器に盛り付けられたふきごはんをじっと眺めながら「これはぼくがすじを取ったふきやと思うなぁー」と親しみを感じながら食べていた。

給食調理員さんが下ごしらえのお手伝いのお礼にと, ふきの葉っぱを丸ごと巨大天ぷらにして届けてくださった。それを食べたこどもたちは「こんなん家では食べられへんな」「家に帰ったら教えてあげよ」と給食ならではの料理に大満足の様子であった。
　　　　　　　　（実践者：西谷　彩）

> **実践事例2**　スナップエンドウのすじ取り　……………… 年長児／5月

4月のある日, 給食のサラダに使うスナップエンドウのすじ取りをした。年長組になって初めての「給食のおばちゃんのお手伝い」にこどもたちは大喜び。

まずは担任がすじの取り方を見せると,「かんたーん」「早くしたい」とこどもたちからの声。でもいざ取り組んでみると, 見ていた以上に難しいことが判明。茎の部分まではうまくスーッと引けるものの, 茎の部分を折って反対側

にいくのが難関だったようだ。「うわー，ちぎれたー」という声もあちらこちらから漏れてきた。そのような中，スナップエンドウを目の前に持ってきて，ジーッとにらめっこしながら，慎重にすじを引いているこどもの姿も見られた。悪戦苦闘しながらもなんとか予定数を終了し，給食室にボウルいっぱいのすじ取りを終えたスナップエンドウを運んで行った。給食調理員さんから「ありがとう」「助かったわ」と告げられ，自分たちのお手伝いが役に立ったことを実感するとともに，それらが食べられると思うと「わくわく」のこどもたちだった。

　いよいよ下処理を手伝ったスナップエンドウのサラダが食べられる給食の時間となった。クラスに運ばれてきたサラダボウルを覗くと，たくさんの野菜と合わさり，鮮やかな緑色を添えおいしい姿に変身したスナップエンドウが。「これこれ！　みんなですじ取ったねー」と友だちと嬉しそうに言葉を交わしていた。

　こどもたちにとって緑色の野菜はやや苦手な部類の野菜ではあるが，今日の様子は違っていた。自分たちが下処理を手伝った分"早く食べたい"という気持ちが強く表れていたのだ。もちろん，口に入れたとたん「おいしーい！」の連呼だった。

（実践者：梅田陽子）

実践事例3　　えんどう豆の豆はずし ……………………………… 年長児／4月

　年長になると，給食のメニューによって食材の下ごしらえの手伝いができることが楽しみのひとつでもある。こどもたちは，年中組のときから「大きい組

になったら"給食のおばちゃんのお手伝い"ができる」と，ある種憧れのような気持ちをもって，その活動に期待を寄せている姿があった。

いよいよ，待ちに待ったその日がやってきた。こどもたちに豆ごはんの下ごしらえのお手伝いができることや，クラスにたくさんのえんどう豆が運ばれてきたことを話すと，興味爆発「やってみたい！」と喜びとやる気で満々だった。

いざ，えんどう豆の豆はずしに挑戦！　最初こそ難しそうにしていたが，やり方を伝えると自分でこつを

覚え，上手にむくことができるようになってきた。取り組み始めると，「このさやには4個入ってた！」「5個入っているのもあったで！」など，自分の発見を友だちに伝えたり，上手に取れる方法を教え合ったりする姿も見られるようになっていった。また，「これはさやが大きいから8個は豆が入ってる」「これは5個くらいやと思う」など，さやの大きさと入ってる豆の数を対比させながら，予想して開いていくことがクイズ的で楽しみ深かったようである。

給食の時間になり，自分たちがむいた豆が入った豆ごはんが運ばれてくると，食缶の中を早く覗きたくてたまらない様子。ふたをあけると，湯気とともにえんどう豆のふんわりとした青い香りが…。普段は豆が苦手で食べられないという子もいたが，この日の給食の豆は残さず，おいしく食べることができた。

後日，保護者に家でのこどもたちの様子を聞くことができた。いくつかの家庭では，こどもが豆嫌いで，以前は家で出しても食べなかったようである。しかし，豆はずしの経験をしたことで，「豆をむくのが楽しかったし，おいしかったから家でも豆ごはんしようね」「豆ごはんをするときは，豆をむくのは私に

任せてね」と話をしていたそうである。こどもたちによって、苦手とする食べものもあると思うが、直に触れることで食材への興味をもち、食事を楽しく感じることができるのだということを実感できた体験となった。　　　　（実践者：鮫島沙織）

実践事例4　玉ねぎの皮むきから玉ねぎ染めへ　………………年長児／5月

　クラスでパンジーなど花びらを使った色水遊びが深まったころ、パンジーよりもさらに身近なもので色水遊びの経験を活かせないだろうかと思い、玉ねぎの絞り染めに挑戦することにした。こどもたちにとって、食材は食べるものであり、家庭でその他の用途として使用することは少ないと思われる。身近なものが教材となることで、食へ興味へとつながってほしいと願い、玉ねぎの皮を大量にむく「給食のおばちゃんのお手伝い」を契機に染め物遊びへと展開していくことを試みた。

　最初にこどもたちが驚いたのは、絞り染めに使用するのが普段は廃棄してしまう皮の部分であることであった。「えー！　皮を使うの？」「先生ほんとに大丈夫？」と半信半疑で皮をむき始めるこどもたち。大量の玉ねぎの皮を集め鍋に入れ煮詰めるうちに、水の色は透明から次第に薄い橙色、濃い橙色、最後には褐色へと変化していった。その都度プリンカップに煮汁をすくい上げ観察

すると、その色の変化に気が付き歓声が上がった。

輪ゴムを使って綿の布をつまんでは巻き、絞り模様(もよう)を作っていった。こどもたちにとって初めての経験で、どんな模様になるのか予測もつかなかったと思われるが、逆にそのことを楽しみに変えて進めることにした。

褐色の煮汁にハンカチを入れるこどもたちは「えっ!? 茶色のハンカチになるの?」とでき上がりが汚い色になるのではと不満があるのか心配そうであった。

煮込んでいる間に、こどもたちは媒染液(ばいせんえき)となるミョウバンとぬるま湯

の調合に挑戦した。目盛りに向けられた眼差(まなざ)しは真剣そのもので、友だちと「これくらい?」「もうちょっとじゃない?」と相談しながら媒染液を作る姿が見られた。煮込んだハンカチを媒染液に入れるとこどもたちが抱いていた「茶色のハンカチになったらどうしよう」という不安が吹き飛んだ。媒染液と反応しハンカチはみるみる鮮やかな黄色へと変化した。その様子に「わぁー! すごい」と声が上がった。

鮮やかな色が付き、安心したこどもたちの次の関心は「ちゃんと模様がついているのかな?」ということだった。心早に輪ゴムを取る表情には、期待と不安が入り乱れていた。開いてみると、どれひとつとして同じ模様がないことにとても満足げな様子だった。

でき上がったハンカチを大切に持って帰りお風呂で遊んだ子、お布団に持ち込み一緒に寝た子、幼稚園のハンカチとして大切に持ってくる子…各々のその後のエピソードをこどもたちや保護者からうかがうことができた。

玉ねぎの皮むきと絞り染めを経験した後「あの野菜からは色出るかな？」「あの皮はどう？」と，身近な食材で何色の抽出液ができるのかが気になるなど食に関する関心が深まっていった。
　　　　　　　　　　　　　　　　　　　　　　　（実践者：西谷　彩）

実践事例5　干し野菜作り　　　　　　　　　　　　　　　年長児／11月

　11月は，秋が深まるにつれ空気が乾燥し，干し野菜を作るのに最適の気候となる。この時期に，こどもたちとにこにこ畑でとれた野菜やきのこなどを半干しにする「給食のおばちゃんのお手伝い」を行う。この干し野菜作りを通して，こどもたちが2つの知恵を知るというねらいが込められている。ひとつは，食材を天日干しすることで，腐りやすい野菜やきのこが乾燥し，長持ちするという昔の人の保存の知恵を知ることである。もうひとつは，うま味と栄養が凝縮され，さらにおいしくなることと，栄養価が高まることを実際に食べて知ってもらうことである。

　給食室から食材が運び込まれ，いよいよ翌日の給食の味噌汁に入れる干し野菜作りに取りかかることとなった。自分たちが給食のお手伝いができるということに対し喜びいっぱいのこどもたちだったが，「干し野菜」という初めて聞く言葉に首をひねっていた。普段食べているしめじと野菜を見せると「いつもと一緒やん」「これ切るだけ？」とそっけない感じだったが，「実はこれ，このネットに入れて一日おくとね…どうなると思う？」と，干し野菜用のネットを見せると，今まで見たことのない新しい道具に目が輝き始めた。

「何これ？」「ここに入れるの？」「そうだよ。でも小さくしないと入らないね」という保育者の投げかけに，「切る〜！」と意欲満々。「でもしめじは包丁を使わないねん」と保育者が伝えると，目を丸くして「手でちぎるの…？」「やってみる！」と不思議そうな表情のこどもたち。しめ

じを手渡した途端「うわぁ！　小さくなった！」「こんなに取れるの!?」「どこまでも裂ける〜」とあっという間に小さくしていった。にんじん・大根・玉ねぎは包丁で切っていった。すべてを小さく処理した後，そっとネットに入れてから外遊びに行った。

　すぐに野菜やきのこが小さくなっていると思ったこどもたちは，外遊びから帰ってくると一番にネットの中を覗き込み「あれ〜？　まだ小さくなってへん」と残念そう…。明日まで待ってみることにした。

　次の日，登園してきたこどもたちはネットの中の野菜を見てビックリ‼「先生！　しめじが硬い！」「しめじや野菜が小さくなってる」「しわしわや〜」と昨日との違いに驚きを隠せない様子だったが，なぜしわしわになったのかという理由までは，こどもたちだけではたどりつけなかった。しかし，水分が抜けたことや，うま味が増すことなどを話すと納得がいった様子で，意気揚々と給食室に運んでいった。

　その日の給食では，まず味噌汁を味わうというよりも，味噌汁の中の具に興味津々。お椀の中の野菜やしめじを箸で探し出し「これ僕がやったやつ〜」「私が切った野菜もある！」と話が尽きなかった。他学年からも「干し野菜ありがとう」「お味噌汁おいしかったよ」と声をかけてもらったことや，干し野菜の変化を自分たちの目で見られたこと，給食のお手伝いができたこと，すべてがよい経験として転化していった。

　実際に天日干しをしたことで，野菜やきのこの水分が抜け，歯ざわり・歯ご

たえがよくなり，いつもと違う食感を楽しむことができた。また，栄養価に関しても，ビタミンDをはじめビタミンB群・カルシウム・鉄分などがアップするといわれている。給食だよりでは，干し野菜（半干し・完干し）の作り方の紹介とともに，栄養価についても生大根に比べ，切干し大根にすると，食物繊維は約16倍に，カルシウムは約23倍に増えることを伝え，家庭でも積極的に乾物を使うことを勧めていった。

　この経験から，家庭でもざるを使って残り野菜を干して作ったこどももおり，こどもや給食だよりから家庭へ波及していくことも実感した。

（実践者：安居真樹子）

実践事例6　給食当番活動　……………………年少～年長児／年間を通じて

　食材に直接関わる「給食の下ごしらえのお手伝い」以外にも，こどもたちが「給食のおばちゃんのために」「みんなが食べる給食のために」と感じられるよう，配膳・下膳のお手伝いとして「給食当番活動」を開始することにした。この取組みは，年少児から年長児まで全学年が行っている。

　給食当番活動を行うにあたって，こどもたちのやる気と衛生面を考え，エプロンを揃えることにした。本園は育友会という，いわゆるPTA活動が盛んである。その中に"ソーイングボランティア"活動があり，こどもたちのためにかわいらしい給食当番のエプロンと帽子を縫っていただいた。

　エプロンを着けたこどもたちは大張り切り！　担任がつぎ分けた給食をこぼさないようにそっと友だちの前に配膳したり，給食室への食缶や食器の下膳も大勢で「わっしょい，わっしょい」と大賑わいで運んだりしている。

　「おばちゃん，ごちそうさまでした」「ありがとう」「おいしかった」という

こどもたちの生の声が栄養士や給食調理員の励みとなっている。

洗浄室はあえて中が見えるよう透明の折り畳み扉仕様にしているため，給食の後片付けの様子も観察できるようになっている。自分たちの食べた後の食器がどのように洗われていくのか，食べ残した食材はどうなっ

ていくのかを目の当たりにすることで，「ごはん粒ついたままやったらあかん」「いっぱい残したらおばちゃんたちかわいそうやな」という言葉が直に聞かれるようになっていった。(p.81, コラム「給食室の建築アイデア」参照)

2017年6月30日の神戸新聞の掲載記事によると，「お手伝い」や「当番活動」などを通してありがとうと言われることや，誰かのために料理を作るという行為は，脳の発達・人間の成長につながるとされている。これは，思考や創造性を担う脳の最高中枢である前頭前野などが活性化すると考えられていることからも，心の育ちだけでなく，脳の発達にも有効であるといえるのではないだろうか。

(3) キーパーソンから各保育者へと広がる食育活動の取組み

実践事例1〜6までは，「こどもたちに給食の下ごしらえの手伝いができないか」「にこにこ畑でとれた野菜を給食で使えないか」という保育者の思いを伝え，栄養士・給食調理員からどのようなことができるのかという提案とをすり合わせて具現化していったものである。いわば筆者がキーパーソンとなって取り組み始めた「給食のおばちゃんのお手伝い」という活動であったといえる。

これらの取組みを通して少しずつではあるが，食材のもつ命と，栽培や調理の手間を知ることで，食べものや人に対する感謝の気持ちが芽生えてきたように感じる。

これらの取組みは年々定着し，着手し始めて3年目を過ぎるころには保育者

の方から「こんなことをこどもたちとやってみたい」という主体的な声が上がるようになってきた。以下，保育者が自分たち自身で考え出し，実践した保育を紹介する。

実践事例7　たけのこの皮むき　………………………………… 年長児／5月

当クラスでは給食で好きなものは喜んで食べるものの，苦手なものが出るとなかなか手が進まない子が多く，どのようにすればこどもたちが「苦手なものでも食べよう」という思いがもてるのかと日々悩んでいた。

苦手なものが多い子は，年少時から給食が嫌で登園を渋る姿も見られ続けていると保護者からも聞いていたので，食材に対して興味がもてるようにたけのこの皮むきを経験することにした。

はじめに，食材には旬があること，たけのこは竹のこどもで，春しか収穫できないことなどを話し，実際のたけのこを見ることにした。初めて見るたけのこ。竹は緑色，食べるたけのこは黄色なのに，目の前のたけのこは茶色く産毛が生えたような姿。その落差と不思議さから，こどもたちは「中はどうなって

るんだろう？」と興奮と探求心の欲求が抑えきれず，夢中で1枚1枚皮をむき始めた。興味津々の様子で皮をむいていくと，たけのこから今まで嗅いだことのないような匂いが保育室中に漂ってきた。「うわ～，くさい！」「なんかにおいがする！」とあちらこちらから絶叫に近い声が上がった。

その後，調理されたたけのこを食べると，こどもたちから「おいしい！」「おかわりほしい！」と，意外にもクラス全員が嫌がることなくおいしく食べることができたのである。

44 第Ⅰ部 「保育者」と「栄養士・給食調理員」と「家庭（保護者）」をつなぐ

　後日，ある保護者から，「うちの子は，実は今までたけのこを一度も口にしたことがなかった」という話をうかがった。その子は今まで家で出してもたけのこのえぐみが嫌だったのか「絶対食べない！」と固辞していたようだが，園で直に食材に触れる経験をしたことで，自分から進んで食べ，そのおいしさを感じることができたのだと知った。その後も給食でたけのこが出ても「たけのこ大好きやんな！」と，友だちとおいしさを共感し合う姿が見られた。

（実践者：鮫島沙織）

実践事例8　　うま味をつくろう　〜だし作り体験〜 ………… 年長児／5月

　本園では，給食の3つのコンセプトのひとつとして「こどもの味覚や食体験の幅を広げるもの」を掲げている。そこでは特に「基本五味[*9]，特にうま味を大切に」と考えている。ところが，こどもたちは基本五味の中の「甘味（かんみ）」「塩味（えんみ）」「酸味（さんみ）」「苦味（くみ）」はよく理解できているのに，一番知ってほしい「うま味」に関しては理解が乏しいと日頃から感じていた。事実，普段の給食のときに「これ，甘いね」とか「酸っぱいね」といった会話は聞こえてくるが，「だしがおいしいね」「うま味がきいてるね」とは一度も耳にしたことがなかった。

　そこで，フランスで活発に行われている「味覚教育[*10]」を参考に，「うま味を知り，だし作りを体験する」保育を行ってみることにした。

　まず，うま味を知るために白湯（さゆ）とだしの飲み比べを試みた。こどもたちにはうま味の表現が難しかったようで，「なんかおいしいけど，何て言うん？」「甘いじゃないし…」「苦くもないし…」とさまざまな意見の後，「これはね，“うま味”って言うんだよ」と伝えると，きょとんとした表情で目を丸くする姿が

[*9]　基本五味：甘味・塩味・酸味・苦味・うま味の5つの味をさす。特に「うま味」は東京帝国大学の池田菊苗博士が1908（明治41）年昆布からグルタミン酸を取り出すことに成功し，その主成分を「うま味」と命名したことに始まる。うま味は英語表記で「UMAMI」とされる。

[*10]　味覚教育：フランスでは味覚教育創設者であるジャック・ピュイゼ博士の味覚教育が有名。「ピュイゼメソッド」では，甘味・塩味・苦味・酸味などの味覚を磨くための取組みに加え，視覚・嗅覚・聴覚・触覚などの「五感」が活用されている。

あった。経験したことのある味だが，聞きなれない言葉で表現されることに不思議な感覚をもったようだった。

　次に，煮干しの頭と内臓を取る下処理と，かつお節削りを実際に体験してみた。かつお節も削ったものは見たことがあっても，かつお節を丸のまま見るのは初めてだったようで，歓声が上がった。かつお節削り器も生まれて初めて見る四角い木箱。「本当にこんな箱で，あんなに大きなかつお節が削れるのかな？」と初めてづくしの経験に驚きの連続だったようだ。かつお節を手にし，削り器の上を恐る恐る上下に動かす手からは緊張が伝わってきた。箱の引き出しをあけると，薄く削られたかつお節が…。「うわっ！　削れてる！」と興奮と感動の声が響き渡った。

　全員が体験した後，目の前の鍋でだし作りを行った。かつお節のよい香りが保育室中に漂うなか，事前に準備しておいた「煮干しの取れる場所」や「かつおの実物大のパネル」「昆布の最大の長さ」などポスターや巻物をこどもたちに提示し話をした。うま味ができるまでにさまざまな人が携わることや，たくさんの工程からできることを知り，再び驚いた様子だった。

　最後に，昆布のみで引いただしと，煮干しだし，かつおだしとを飲み比べてみた。すると，うま味でも味が異なることに気付きが生まれ，自分たちでうま味が作れたという大きな喜びが伝わってきた。今回は，だしを合わせると相乗効果[*11]でさらにおいしくなるということは行わなかったが，機会をつくって是非体験させてみたいと考えている。

　後日，給食を食べた際に，「うま味がきいてるなー」「給食さんは，今日何を使ってうま味を出してるんやろなー？」といった話題でもちきりだった。また

＊11　相乗効果：うま味物質は単独で使うよりも，アミノ酸であるグルタミン酸と，核酸系のイノシン酸やグアニル酸を組み合わせることで，うま味が飛躍的に増すことが知られている。

「家でもだしを作ってみたよ」という声も聞かれ，食に対する関心がさらに深まっていったことを感じた。　　　　　　　　　　　　　　（実践者：安居真樹子）

> **実践事例9**　水に浮くもの沈むもの〜野菜の特性を知る実験〜　年長児／5月

　当クラスでは，進級当初より図鑑に興味をもつ子が多かった。そこから，科学的なことにも興味をもってほしいという担任の願いを重ね合わせ，遊びの中で「水に浮くもの沈むもの」の環境を用意したことで，実験を主体的に行う姿が見られるようになってきた。水を入れた大きな容器を園庭に用意すると，そこにさまざまなものを持ってきては浮かせてみる。「わー，浮いた！」「これは沈むわ」と，こどもたちは一つひとつの結果に目を輝かせながら歓声を上げていく。「今度は，サッカーボールを浮かせてみよう」「重たいから絶対沈むで！」と自分たちで口々に予想しながらゆっくりと水の中に入れてみると，「あれ？浮いた！」。意外な結果に，こどもたちの心にはどうして？　なんで？　と多くの疑問が生まれ，もっといろいろなものを浮かせてみたいという願望が強くなってくるのが伝わってきた。

　一方で，給食で野菜を苦手とするこどもが多かったことと，ちょうどその時期に「にこにこ畑」に夏野菜の苗をみんなで植え，毎日世話をしたり，観察記録を書いたりしていたので，畑の水やりをしながら「野菜を水に浮かせてみたらどうなるんだろう？」と保育者からつぶやいてみた。その投げかけにこどもたちは「やってみたい」とすぐに反応。収集がつかないほど思い思いに口を開き，やりたい気持ちをぶつけてくるので，いったんクラス全体で話し合いをもつことにした。そこで今回は野菜に注目して，こどもたちと相談しながら水に浮かせてみたいものを出し合った。しかし，いきなり選んだ野菜を水に入れて結果を出すのではなく，「浮くもの沈むもの」を予想することが大切と考え，分類して表にまとめることを提案した。

第3章　食育という観点から見直した保育の実践事例　47

後日，実際に用意した野菜を目の前にし，作った表を基にもう一度こどもたちと考えてみることにした。これまでの遊びを通して，こどもたちの中では，重たいものは沈んで，軽いものは浮くものだという経験則が生まれていた。しかし，キャベツやかぼちゃのような大きくて丸いものはどうなのだろう？

こどもたちの意見が分かれた。「重いから沈む」「いいや，サッカーボールは，重たかったけど浮いた」と予想はカンカンガクガク。

　論より証拠！　早速入れてみよう。きゅうり，なす，ピーマンは浮き，にんじん，さつまいも，じゃがいもは沈んだ。ここまではある程度こどもたちの予想したものと合致していた。

　いよいよこどもたちが楽しみにしていた，重たくて大きな丸い野菜のかぼちゃの番。わくわくした表情で一点に注目するこどもたち。恐る恐る水にかぼちゃを入れてみる。「浮いた！」と教室中が大歓声に包まれた。キャベツも同様，水に浮いたのだ。「やっぱり浮いた！」今度は確信に近い声が上がった。

　「でもどうして，重たいのに浮くのかな？　浮く野菜と沈む野菜はどのような仲間なのかな？」と保育者がこどもたちに投げかけてみる。すると，ひとつの考えが上がった。「今，畑で育てている夏野菜が浮いてるよ」「ほんまや！」こどもたちは自分たちの経験や知識を総動員して，いろいろな視点から考え，話し合いを始めた。トマト等例外の野菜はあるが，地上で育つ野菜が浮いて，土の中で育つ冬野菜は沈む，という気付きを導き出すことができたのである。

　これらの遊びや実験を通して，こどもたちは自分の思いや考えを出し合い，ぶつけ合い，実際に目で見て確認することで，さまざまな気付きや思考が生ま

48 第Ⅰ部 「保育者」と「栄養士・給食調理員」と「家庭（保護者）」をつなぐ

れ，生きた知識（実践知）を体得することができた。その後も，家庭でいろいろな種類の野菜を使って実験してくる子が多く，それらの経験をクラス全体で共有し，より深めていくことができた。野菜を対象としたことで，さらに"野菜となかよし"になり，例年行っている栽培活動よりも野菜との距離感が縮まり，野菜を食べる抵抗感が減ったという思わぬ副産物が生じたのも嬉しい誤算だった。

（実践者：黒木佳奈）

実践事例10 スダジイは食べられる!? ドングリ染め遊び 年中児／10月

秋はこどもたちがドングリ集めに興じる季節である。この時期は，家庭で休日に家族で出かけ，さまざまな場所のさまざまな種類のドングリを休み明けに手にしてくる姿も多い。

あるとき，ひとりの保護者が「先生，スダジイがいっぱい落ちてる公園を見つけました！ スダジイって食べられるんですよ」と調理レシピまで手作りして持ってこられた（次ページ上写真）。ドングリの中の「スダジイ」という種類は食べられることをこどもたちに告げると，「えーっ！」と驚きの表情だった。実際にその保護者の方は，自分のお子さんと調理して食べてみたとのことだったが，当クラスではナッツアレルギーのこどもが数人いたため食べることは断念してしまった。しかし，せっかくの厚意を無にせず，何かできないものかと考えた末に，本園で行っている「玉ねぎ染め（実践事例４）」のドングリバージョンを試してみることにした。

ドングリ染めをするにはさらにたくさんのドングリが必要であろうと考え，10月に何度もこどもたちと公園に拾いに出かけた。みんなで集めたドングリと，家から持ってきてくれたものを使って，ようやくドングリ染めを開始した。保育者もこどもたちも初めての経験で，白い布がどうやって染まり，どのような色になるのか興味津々だった。

まずはドングリとミョウバンを鍋の中に入れ，30分程煮込む。そこにこどもたちが輪ゴムで縛った布を入れていく。ドングリが煮立った鍋を見て，こどもたちは鼻をつまんでいた。なんともいえない匂い。「くさい」というより，

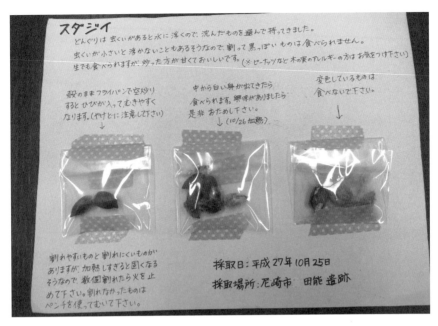

木の匂いだった。こどもたちも「変なにおい！」「これがドングリのにおい〜？」と驚いていた。その中に，布を入れると見る間に茶色に変化していった。

「色が変わった！」「ドングリハンカチになる！」と喜んでいたのも束の間。そこからが大変だった。か

れこれ1時間は一緒に煮込まないと染まり切らないのである。それからも煮込むこと1時間。それでも，くっきりと色づく布と，そうでない布があった。布の種類によって染まり方は全く違った。事前の教材研究として，布の種類を見極めることが大事だと感じた。

しかし，保育者の心配をよそに，こどもたちは自分で作った「ドングリ染めハンカチ」ができたことに大満足の様子で，染まった布を干し，早く乾かして

使うことを心待ちにしていた。

　こどもたちは，転がして遊んだり，こまを作って遊んだりする以外にも食べられるドングリがあることや，遊び方があることを知り，以後もますますドングリを集め，ほかの遊びを考えるようになっていった。

（実践者：福谷純子）

　以下，（4）～（6）では，図Ⅰ-10に示したように，保育と食育をつなぐ一環として本園で独自に取り組んでいる畑・田んぼ・雑草園のプロジェクト活動の実践事例を紹介する。

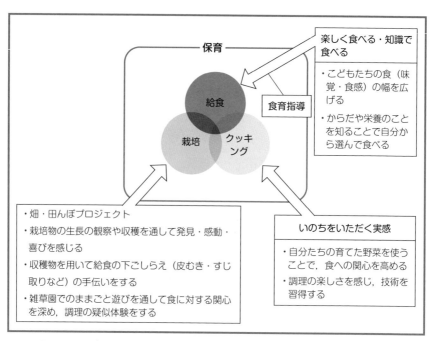

図Ⅰ-10　畑・田んぼ・雑草園プロジェクトと保育・食育活動との関係

第3章　食育という観点から見直した保育の実践事例　*51*

（4）「畑プロジェクト」を通した食育活動の展開とこどもたちの変容

　本園では，「畑プロジェクト」と称し，自園の「にこにこ畑」を中心として年間を通じて活動を行っている。ここでは，にこにこ畑における活動がどのような食育活動につながり，こどもたちにとってどのような学びや成長の機会になっているのかを考えていきたい。換言すると，いわゆる「食育」というと「食べる」ということに焦点化してしまいがちだが，栽培・収穫・調理という食べるまでの課程のみにとどまらず，食物連鎖等も含めた，畑プロジェクトの中で展開されるさまざまな視点からもこの活動を振り返ってみたい。

1）畑プロジェクトに至る動機付け

　にこにこ畑では，春夏秋冬毎の季節や旬が感じられるように，主に年長組のこどもたちが計画的にかつ主体的に野菜を育てている（p.30，表I-2「年間食育指導計画」参照）。同様に，年中組や年少組もプランターなどを用いて野菜を育てる機会を設けている。しかしなぜ，にこにこ畑での畑プロジェクトが年長組を中心として取り組んでいるのかというと，保育者が主導するのではなく，こどもたちが主体となって話し合ったり，意見をぶつけ合ったりするなかで折り合いをつけながら協同的に学び合っていくひとつの機会として，この活動をとらえているからである。年長組であるからこそ，そうした主体性や協同性・応答性そしてレジリエンス*12が畑活動を通して高まることを期待している。

　「畑プロジェクト」は，年長組に進級した際に，3月に卒園したひとつ上の学年のこどもたちが育ててくれていたいちごを食べさせてもらうことから始まる。いちごは春に収穫して終わりではなく，実がならなくなった後もわざとそのまま抜かずに育て続けるのである。そうすることで，いちごはランナー（ほふく茎）を伸ばし，土の上を這い，ツルの先端の芽が根を出して生長していく。これをプランターに植えかえると，根を張った子株からもどんどんランナーが伸びていく。秋にそれを切って小苗を畑に植えることで，翌春にいちごが次々

＊12　レジリエンス：心理学用語で，困難な状況にもかかわらず，しなやかに適応する力のことをさす。復元力・回復力・弾力などとも訳される。

と実るのである。卒園生の嬉しい置き土産として，進級したばかりの年長組だけでなくさまざまな学年のこどもたちがいちごを収穫し，味わうことを経験する。

　このことをきっかけとして，畑で何かを育てたいという意欲がこどもたちの中でわき起こってくる。自分たちも昨年度の年長組のようにいろいろな野菜を栽培したい，卒園した後もいちごのプレゼントを残しておきたいという動機付けにつながっていくのである。そうした思いにかられたこどもたちは，夏の収穫を目指して，野菜を育てる話し合いをもつに至る。夏野菜を栽培する目的には，もうひとつ大きな理由がある。それは，１学期末に幼稚園に宿泊する「お泊り保育」という一大イベントがあるからである。そのときの夕食のカレーライスの中に自分たちが育てた夏野菜を入れて調理しようとこどもたちは目標をもっていく。このようにこどもが主体的に取り組んでいくことの裏には，こどものやってみたいという動機や目標をこどもたち自身がもてるような関わりが何よりも大切だと感じる。

宿泊保育でのカレー作りと飯ごう炊さん

２）畑プロジェクトの展開　〜失敗体験からの学び〜

　４月。どの夏野菜を育てるかをこども自身で決める話し合いが始まる。しかし，すんなりとグループで意見がまとまることは稀である。年長に進級したばかりのこどもたちなので，自分の思いが強く，人の意見を聞き入れて折り合うことはまだまだ困難なことが多い。「わたしプチトマトを育てたい！」「え〜，いやや」「ぼくはすいかがいいな」「むずかしそうやん」「チンジャオロース一好きやから，ピーマンがいい」「ピーマン!?　絶対いやや」…と平行線が続く。しかし，保育者はここでこどもたちの話し合いに割って入って，意見をまとめたりはしない。じっと辛抱強く，こどもたち同士が納得し合う結論が出るまでひたすら待つのである。その時間内に話の決着が付かず，翌日も，その翌日も持ち越しになることがある。他のグループが次々と育てたい夏野菜が決まっていくのを尻目に，まとまらないことに腹を立て，「もう，どうすんの！　決まらへんやん」と投げやりな言葉も飛び出してくる。すったもんだの末，各グループで苗を決め，それぞれが役割を分担し，みんなで育てることを誓い合う。しかし，どうしても話し合いがうまくいかないときは，同じ野菜を育てたいこどもたち同士でグループに分かれて世話をする年もある。

　育てる野菜が決まったら，保育者が購入してきたなす，きゅうり，トマト，オクラ，すいか，ししとう，とうもろこしなど６〜７種類ほどの苗を各グループの机の上に置き，「苗当て」が始まる。こどもたちは，葉っぱをひっくり返してみたり，「めっちゃ，くさいわ」と鼻をつまんでにおいを嗅いでみたり，茎の微妙な色の変化に気付いたり，葉の形を図鑑で調べたり，近所で見かけた畑の野菜を思い出したり，今までの経験と知識を総動員して「これ，なすやと思う！」「これはきゅうりや！」と言い始める。その場で答え合わせをすることもあるが，何も言わず，とりあえず育てさせてみ

て,「あれ？　きゅうりやと思って
たら,別のもんやった」と後から知
ることもある。それぞれのやり方に
は違った意味があり,こどもたちの
中に何を育てたいかを見極めながら,
こどもの姿と重ね合わせて保育を進
めていく。

　ここからが,こどもたちの知恵の
出し合いである。「野菜を大きく育てるにはどうすればいいんだろうね？」「大
きくなってもおいしくなかったら嫌だよね」と,こうしたことを保育者は意図
的に投げかけ,こどもの学びを深める足がかりをつくっていくのである。それ
に合わせて,こどもたちが自ら調べられるよう,手に取りやすい場所に図鑑や
本や資料を環境として用意しておく。こうすることで,こどもたち自らが探求
しようとする意欲や姿勢につなげていくことを大切にしている。いわゆるアク
ティブラーニングを目指し,協同的・応答的に問題解決を図っていくのである。
なかには,図鑑でも解決がつかず,職員室に来て,知っていそうな保育者に質
問するこどももいれば,「うち,おじいちゃんが畑してるから,教えてもらっ
てくる」と家庭で聞いてきた話などを披露する姿も見られる。こうした活動を
通して,単に水だけをやれば育つのではないことや,土作りが大切なこと,肥
料が必要なこと,太陽の光がよく当たるほうがよいことなどを知識として蓄え
ていく。例えばトマトなど,野菜の種類によっては,ぎりぎりの水分を与える
ほうが甘くなるものもあることなども調べてきて,驚かされることもある。

　畑で野菜を栽培する活動自体が,こどもたちには大変大きな学びの機会であ
る。しかし,苗を植えて水を撒くだけではうまくいかないことも少なくない。
むしろ,スーパーで売られているような立派な野菜が収穫されることのほうが
稀なのである。

　水やり当番が水をやり忘れて枯れることもある。そして「○○君が水やらん
かったから,枯れたやんか」「オレだけちゃうで。□□ちゃんもやってなかっ

たで」と枯れたことでもめ，水やり当番の責任のなすり合いが始まることも…。もうそろそろ赤く色づいて食べられると思った矢先に，畑のフェンスの隙間からトマトが泥棒されたり…。収穫の適切な時期を知らず，大きくなればなるほどおいしくなると思い込み，お化けきゅうりや巨大オクラになってしまったり…。お化けきゅうりは種だらけで硬く，巨大オクラは育ちすぎてスジっぽくて食べられない。それでも収穫したものを何とか食べようと，悪戦苦闘する姿もある。どうすればよりおいしく食べられるか調理方法を調べることもある。巨大オクラは薄く切ってコンソメスープの具にし，硬いきゅうりは薄切りにし，油で炒めて食べたこともある。自分たちで育てたものだからこそ，失敗しても捨てたりせず，最後まで食べてみようとする努力が見られる。

　すいかは小玉すいかと見まごうほど小さい。大きく育ったと思ったらカラスに食べられる。ゴーヤは色が悪く白っぽい。なすは皮に割れスジが入ってしわしわ。メロンは，外見は売り物になるほど立派なのに，食べてみると甘くなく，きゅうりのような味。こうした生の体験を重ねることで，「お百姓さんはすごい！」という尊敬の念を抱く言葉が生み出されていく。

　この失敗の繰り返しこそが，畑活動の醍醐味であるといえよう。育てていく過程でわからないことを自ら調べたり，家に帰って家族に尋ねたり，友だちと一緒に協力して水やりを分担したり，うまく育たないなかで工夫したりすることを通して，こどもの学びが深まると確信している。時には，見るに見かねて地域の方がやり方を教えてくださったり，手伝ってくださることもあり，思わぬ知識や技術の向上，人とのつながりが生まれることもある。そうした姿を目の当たりにすることで，「すごい！」と感じるだけでなく，「ぼくたちのために教えてくれてありがとう」という無償の行為への深い尊敬と感謝の念が溢れてくるのが伝わってくる。

3）必要感から生まれる文字・数・量・形に対する関心

　こうした試行錯誤を繰り返しながらも，こどもたちの毎日の世話の甲斐もあって，夏の太陽を浴び，野菜は日毎にぐんぐんと大きく生長していく。その変化をこどもたちがより明確に感じられるように，定期的に野菜の生長記録を

付けるようにしている。記録の方法は，観察画であったり，文字が書ける子は気付いたことを書き添えたりしている。そして，畑にさりげなくものさしやメジャーを用意しておくと，家庭で父母やきょうだいが使っているのを見たことがあるこどもが長さを測ることをし始める。生長記録を付けるにあたって，大きさや形や色などの違いを観察するという科学的な目を養うだけでなく，文字や数字で表したいという気持ちや，それらを使ったほうがわかりやすく便利であるという必要感から知りたい，

使いたいという「学びへと向かう力」の素地が生まれていくことを感じる。

　生長記録を付けることで，こどもたちは普段よりも意識して自分の育てている野菜に目を向け，変化を察知することができる。ただ漠然と見るのではなく，焦点化して観るなかでより多くの気付きにつながり，野菜という対象物に対して「生（せい）」を感じるようにもなってくる。そして，気付いたことを自分の言葉で保育者や他のこどもたちに伝え，説明することを通して，「対話する力」が育まれていく。このように自分が見聞し経験したことを言語化し記録に残すことで，感覚的にとらえていたものが意味付けされ，強化され，「実践知」として蓄積していくのである。

　こうした小さな変化も見逃さず，目の当たりにし，驚いたり感動したりする経験があるからこそ，野菜を育てることに強いやりがいをもつようにもなってくる。言い換えると，こどもたちの野菜の世話に対する姿勢が変わってくるのである。そのようにして長い時間をかけて経験を連続させて育てた野菜であるため，収穫する際のこどもたちの喜びも大きい。

4）畑プロジェクトからつながる食育

　そして，この畑活動の一番大きなこどもへの影響力は，普段は野菜嫌いのこどもも自分たちが育ててきた野菜ならば食べてみようとすることである。これまで食わず嫌いだったこどもにとっては，そのときに野菜のおいしさに気付く機会にもなっている。与えられた野菜ではなく，自分たちががんばって育ててきた野菜だからこそ，「嫌いだけど食べてみよう」という気持ちが揺さぶられるのであろう。

　ある家庭でのエピソードを保護者が話してくださった。「うちの子，昨日スーパーにお買い物に行ったとき，きゅうりを買ってくれとせがむんです。今まで野菜が嫌いで，家で出しても食べなかったのにびっくりしました」と。何でもこどもの話をよく聞くと「今度，きゅうり当番になってん。きゅうり当番やのにきゅうり食べられへんかったらあかんやろ」と言ったそうである。おそらくグループで何を育てたいか話し合った際，その子はきゅうりを担当することになったのであろう。そのことで，その子なりに責任感とやる気が芽生えたと思われる。今まで嫌いで口にしなかったけれど，自分が育てる野菜の味は知っておかないといけない，食べられるようになっておかなければならない，と葛藤したうえでの行動だったと推察される。

　このように畑プロジェクトがこどもたちの大きな成長の機会となっていることは間違いない。また育ててきたものを自分たちで調理して食べるというサイクルが，こどもたちの大きな達成感や充実感にもつながっていく。この手間暇かけて野菜を育てる経験をしたこどもは，畑の収穫物だけにとどまるのではなく，給食に出てくる野菜に対しても行動の変化が見られ始める。

　今までは特段何も考えずに野菜を残してしまっていた子も，目の前の野菜ができるまでの長い道程を知ったことで，簡単に残すことをせず，がんばって食べようとする姿が見られるようになる。それは「残食することへの抵抗感」とでもいうのであろうか，そのような気持ちが生まれてくるのである。これはまさしく畑活動を通じた「こどもの心の変容」であるといえる。食べものを大切にする気持ちは他者に言われて育まれるのではなく，自分たちで苦労して育て

にこにこ畑で白菜の収穫

玉ねぎの収穫

そら豆の収穫

ていく背景があるからこそ培われていく力であると考える。

そして、どうしても出てしまった残食に対して「もったいなさ」「申し訳なさ」をこどもが感じているときに、コンポスト*13の存在に気付けるように保育者が関わっていく。残食や調理に使えない野菜の部位を廃棄するのではなく、コンポストと微生物の力で再び畑の堆肥へと変えて、リサイクルできることを知るのである。気温の高い季節は、しっかりと水気を切った残食が1か月ほどで堆肥に変化する。こどもたちは、ほこほこの堆肥ができあがったのを見て「うわっ、土になってる！」と驚きの声を上げる。自分たちで育てた野菜の皮やへ

---

*13 コンポスト：生ごみや落ち葉や雑草などの有機物を微生物によって完全に分解した肥料をさす。正式にはコンポストとは「堆肥」を意味するが、堆肥を作る機械を「コンポスト」あるいは「コンポスター」と称して意味を混在して使われる場合もある。

タや残食などが，巡り巡ってまた新しい野菜作りにつながっていくことを体験として学ぶなかで，幼児なりに食物連鎖を感じ取ることがこの畑活動のよさでもある。

本園で使用している回転式コンポスト

5）畑プロジェクトから生まれる心の育ち

「畑プロジェクト」を通した協同的な活動の中で，長期間かけてひとつのことをやり遂げたという成就感を体感した子や，今まで食べられなかった野菜が自分で育てたことで食べられるようになったという自己を変えていく力を感じた子は，自信へとつながり，次なる活動に対しても前向きな姿勢として表れていく。

例えば，運動会・発表会などの大きな行事に向けて取り組むとき，みんなで話し合う力や，ぶつかり合いながらも調整して友だちと協力する力や，認め合い応援し合う力や，くじけそうになっても思うようにいかなくてもどうすれば乗り越えられるか知恵を出し合っていく力へと結び付いていることを実感している。

また畑プロジェクトを介して，学年を越えて関わり合う機会にもなっている。自分たちで育てた野菜を他学年にも収穫させ，異年齢で共に調理したりすることも少なくない。小さい組と一緒にすいか割りを楽しんだり，浅漬けの作り方を教えたり，一人っ子家庭や地域のこどもと群れて遊ぶ体験の少ない現代においては貴重な体験となっているに違いない。

（執筆：松岡　護）

（5）「田んぼプロジェクト」を通した食育活動の展開とこどもたちの変容

　年長児は，畑プロジェクトと並行して「田んぼプロジェクト」も行っている。このプロジェクトでは，姉妹園の田んぼを借りて「育苗（種籾から苗を育てる）→代掻き[*14]（泥んこ遊び）→田植え→稲刈り→天日干し[*15]→脱穀→精米→炊飯→おにぎり作り→わらで遊ぶ・しめ縄作り」という一連の活動を経験する。この田んぼプロジェクトを通じてどのような食育活動が展開され，こどもたちにとってどのような学びにつながっているのかを具体的に考えていきたい。

種籾をまいて発芽させ育苗する

1）代掻き（泥んこ遊び）

　5月末。田起こしをした後に用水路から水を引き，いよいよ代掻きを兼ねた泥んこ遊びの季節を迎える。こどもが田んぼに触れる機会は，意図的につくっていかない限りなかなかないのが現状である。ゆえに田んぼでのダイナミックな泥遊びに携われること自体がこどもにとっての生きた体験となる。また最近では家庭の価値観からか「汚れることはだめなこと」ととらえてしまい，汚れること自体に抵抗感をもってしまうこどももいる。この泥遊びを通じて，そう

---

*14　代掻き：田植えのために，田に水を入れて土を砕いてかきならす作業。代掻きをすることにより稲の活着を早め，田んぼの水漏れを防ぎ，雑草が生えてくることを抑制することができる。

*15　天日干し：刈り取った米を，わらの部分を束にして竹などで組んだ干場に掛け，日光で乾燥させること。約15日ほどかけて乾燥させるとよい。最近はコンバインで稲を刈り取るため，わらの部分がばらばらに切れてしまうため，機械で1日乾燥させて終わるところが多い。機械乾燥だと米は割れやすくなるが，天日干しだとじっくり時間をかけて乾燥させるため割れにくくなるらしい。また，天日干しにはこつがあり，半分に割った稲束を干場に掛けるとき，左右を交互にずらしながら掛けると，乾きがよくなる。

したこどもの気持ちを払拭し，文字通り泥んこになって遊ぶことの楽しさを感じ取ってほしいという願いも込めて行っている。このように田んぼプロジェクトでは，まずこどもたちの心の解放から始まっていくのである。

いよいよ泥んこ遊び当日。汚れてもよいTシャツとズボンの出で立ちに裸足で田の淵に立つこどもたち。田んぼは見たことがあっても，そこに入るのはほぼ全員が初体験である。

はじめから抵抗なく田んぼに入れる子もいれば，足の指先をちょこんと田んぼの水につけては引っ込める子などさまざまな様子が見られる。しかし，「気持ちわる〜」「ぬるぬるする〜」「あったか〜い」とはじめは泥の感触に慣れるのに必死だった子も，ビーチフラッグならぬ田んぼフラッグを行ったり，船を

浮かべて引っ張って遊んだりするうちに，次第に大胆になっていく。保育者もこどもに負けじと遊びまくる。ただ泥んこになって遊ぶばかりではなく，この泥遊びを行うということは，足で泥を踏み固めて水漏れを防いだり，土壌をならしたり，泥に空気を混ぜたりという稲を成育させるための大事な意味合いも兼ねていることをこどもたちは学ぶのである。

2）田植え

6月。梅雨の晴れ間を見て，田植えを行う。泥んこ遊びを経験し，田んぼに入ることや汚れることへの抵抗感が薄れてはじめて田植えをすることが可能となる。こどもたちにとって，田植えが米を育てる工程の第一歩であるということを想像するのはなかなか困難である。ゆえに，こどもたちとよく事前に米作りの営みについて話をし，先の見通しをもったうえで田植えを展開できるよう心がけている。そのためには，絵本や写真や精密画を駆使した科学本はもちろんのこと，インターネットから画像や動画を取り込んで視覚的

な教材を作成し，それらを効果的に取り入れながら関心を高め，「米作りをやってみたい」という内発的な動機付けに結び付けている。むろん，そこではこどもたちが見聞きした知識やそれまでの自身の経験を大いに語ってもらい，共有する場としている。

3）ミニミニ田んぼ（稲の生長観察の工夫）

この田んぼプロジェクトは春から冬にかけての長期的なプログラムである。春，種籾から発芽させ，田植えができるまでに苗を育てる。田に植えられた苗

は日差しを浴び，ぐんぐんと生長していく。そして秋になり穂を実らせ，稲を刈って収穫となる。これら稲の一連の生長過程には目を見張るものがある。ひとつの種籾からたくさんの米ができる様相は感慨深い。ところが，離れた場所に位置する姉妹園の田んぼを借りているため，こども自身が自分の目で日々の苗の変化に気付くことが難しい。そこで，せっかくの経験がこどもの日常とかけ離れてしまっては教育的なアプローチに欠けてしまうと考え，苗と泥を持ち帰り，バケツや発泡スチロールのケースに移し替え，「ミニミニ田んぼ」として保育室前のテラスで苗を育てるようにした。こうすることで，こどもたちが「昨日より大きくなってる」「色が変わってきた」「茎から何か出てきてる」「小さい白い花が咲いてる」と稲の変化に自ら気付き，驚きの声を上げる姿が見られるようになった。

4）稲刈り

秋になり，収穫の時期を迎えて，再び姉妹園の立花愛の園幼稚園の田んぼに向かった。そこで田植えをしたときとは全く違う風景や，青くて小さかった稲の生長の大きさを目の当たりにし，こどもたちは驚嘆の声を上げる。「うわー，水がなくなってる」「お米ができてる」「（田植えのときは）田んぼがすきすきやったのに，ぎゅう詰めになってる」と思い思いの言葉で驚きを表現する。クラスのテラスで育てた「ミニミニ田んぼ」では感じることのできない感動がそこにはあった。

保育者から「のこぎり鎌」を手渡されたこどもの思いは複雑である。

はさみやカッターナイフなどとは違うずっしりとした刃物の重み。ひとつ間違うとけがをするかもしれないという恐怖感と，初めてのことに対する気持ちの高まり…。「ドキドキする」という言葉があちらこちらから聞こえてくるが，その一言では言い表せないほどの心の動きが感じられる。

　生まれて初めて稲の収穫をする子がほとんどで，恐る恐る鎌を握る軍手の中は汗ばんでいるに違いない。反対の手で一掴みの稲を握る。のこぎり鎌の刃先を自分のほうに近づけながら稲をギリギリザクザクと引きながら刈り取る感触もまた生まれて初めて味わうものであろう。刈り終えたときに口から洩れる「はぁ」「ふう」という息遣いからは，安堵と達成感の入り混じった気持ちが伝わってくる。

　自身の手で収穫を進めていくためには，鎌を扱う必要がある。鎌に触れることの危険性はもちろんある。しかし，危ないことを避けるのではなく，物には正しい扱い方があり，それを知っていればけがをしないということを，こどもたちは経験の中で学んでいくのである。

5）天日干し・脱穀・籾摺り・精米・炊飯

　稲刈りを終えた段階でお米を食べられると思っている子も多いが，実際にはまだまだ工程が続いていく。刈り取った稲を束にして干場に掛けて乾燥させる天日干し，稲から籾を取り外してわらと籾に分ける脱穀，籾から籾殻を取り除く籾摺り，籾から糠を取り除く精米という工程もこどもたちが経験できるように，その一つひとつを大切にしている。そうした多くの時間と手間をかけてお米ができているという事実に，こどもたちはこの田んぼプロジェクトを通して初めて気付くのである。

　実際にこどもたちが稲を刈り取った後，ひとつの穂から何粒の米が実っているのかを数えさせてみる。通常1穂には70粒ほどの米が実るらしいが，園の米は田んぼを覆ったネットの間からもスズメについばまれてしまうことと，養分の問題もあり，1穂から20～30粒くらい収穫できるのが関の山である。20粒の米は，ごはん茶碗に盛られたごはんのほんの少しにしか当たらない（ちなみに茶碗1杯には約3,200粒の米粒があるといわれている）。これらの気付きは

大変貴重だと考える。物が豊かになり，給食や食卓には当たり前のように白米が並ぶ。しかしながらそれは当然のことではなく，その白米には農家の方の長い歳月をかけた営みが詰まっているということを身に染みて感じるのである。こうした実体験を通して，本心からの感謝の念がわき起こってくるのである。「百聞は一見にしかず」自分で身をもって感じる気持ちこそが，この田んぼプロジェクトの大きな学びのひとつであるといえる。

2週間ほど天日干しを行い，乾燥させた稲束を足踏み脱穀機で籾とわらに分ける。コンバインなどの機械で簡単に分別できる時代ではあるが，足踏み脱穀機を使うことで，「うわー，すげー」「なんで籾がはずれるんやろう？」と昔の人の知恵と工夫に感心することしきりである。

時には，すり鉢と野球のボールを使ってゴリゴリと少量ずつ手作業で籾摺りを行うことで，米が口に入るまでの手間をひしひしと感じていく。精米は機械を使って行うが，一升びんと棒で搗くといった昔ながらの方法で精米することも経験する。2リットルのペットボトルの上を切り取り，スリコギでひたすら搗き続けると，徐々に糠が取れて米が白くなっていくのがわかる。しかし，完全に白米の状態にするには，何時間も時間をかけなければならない根気のいる作業である。

　そして，いよいよ洗米し，大きな羽釜(はがま)に米と水を入れ，木蓋(きぶた)を乗せる。園庭にかまどを用意し，薪(まき)をくべ始めると，白い煙が立ち始め，やがてボコボコという音とともに泡が羽釜の縁からこぼれ出てくる。辺りに米の炊けるいい匂いが漂ってくる。年長児だけでなく，他学年のこどもたちも遊びを中断し，羽釜の周りに群がってくる。火から外し，蒸らしている間も待ちきれない様子が伝わってくる。「さあ，できあがったよ」と木蓋を取ると，秋の冷気の中を白い湯気と炊きたてのごはんの甘い香りが勢いよく立ち込め，「うわーっ」と大歓声が上がる。

　ここからがお楽しみ。待ちに待ったおにぎり作りといただきますの時間である。「握るの，あっついわー」「早く食べたい」「おいしそー」と思い思いの形のおにぎりを握り，嬉しそうにほおばる。

　全員に行き渡るには，ほんの小さなおにぎりしかできなかったが，まるで生

まれて初めて味わうかのように,「おいしい！」という言葉と笑みをこぼしながらゆっくりと噛みしめている姿が印象的であった。「このおにぎり甘いなぁ」と,米本来の甘さや咀しゃくする度に変化する味にこどもの食感は研ぎ澄まされているようだった。

田んぼプロジェクトを体験する前に米というものにもっていた漠然とした印象と,経験をした後とでは同じ米でもとらえ方が大きく違ってくる。こども自身の成長が,とらえ方の変化にもつながっていったのであろう。そういった長い月日をかけて育てたお米だからこそ,自分たちの口に届いたときの感動はとても大きかったのだと思われた。

6）わらの家作り・しめ縄作り

田んぼプロジェクトでは,できた米を食べておしまいではない。脱穀をした際に籾を外して残ったわらはこどもたちの経験のためにとっておく。そのわらを使って,正月用のしめ縄を作ったり,『3匹のこぶた』のわらの家を作ったり,『アルプスの少女ハイジ』のごとくわらのベッドで寝転んだりして遊び尽くしていく。

わらの何ともいえない感触と「おひさまの匂い」を存分に味わうのである。

7）最後に

　この田んぼプロジェクトを通して，米というひとつの食材と向き合うことによって，深く感じる力をもつことができるようになっていく。現に，こどもたちは自分たちの米作りの経験からその後，お米一粒一粒の大切さを敏感に感じ取る言動が端々で現れる。一例をあげると，異年齢交流で他学年と一緒に給食を食べる際も「ごはん粒残したらあかんで」「きれいに最後まで食べるんやで」とか「床に落ちたごはん粒は踏んだらあかん。目え，つぶれるで」と下の子に教える姿も垣間見られる。時間と手間をかけ続けるなかで，それは米を単に育てているだけではなく，こどもたちの感受性や感謝する気持ちを育むということにもつながっているのである。

　本園は，田んぼを有しているという恵まれた環境にあるので，こうした家庭ではできない生きた体験をすることができる。しかし，田んぼがない園でも，発泡スチロールの箱等を使って芽出しから収穫まで行うことは可能であろう。脱穀機や精米機がなくても，昔ながらの手法で手間暇かけて作業することはできるので，環境が整わないことで諦めるのではなく，工夫をして行ってみる価値は必ずあると信じる。

　今年度は，精米する際に出る糠を使って，にこにこ畑で収穫した野菜で糠漬けも作って，おにぎりのおかずに添えてみたいと思っている。

（執筆：松岡　護）

（6）「雑草園プロジェクト」を通した食育活動の展開とこどもたちの変容

　給食のおばちゃんのお手伝いや田んぼ・畑プロジェクト等を通して，食材との距離を縮める実践を行う一方で，普段の遊びの中でも調理に対する関心を高めることができないかと思案していた。

　思い起こすと筆者の幼かったころの「おままごと」は，庭にゴザを広げてそこらに生えている雑草をちぎり，野菜に見立てて母親の台所仕事をまねることが多かった。また，大き目の砂を米粒代わりに洗米するまねをしたり，泥をこ

ねておはぎやチョコレートもどきを作ったりしたことを鮮明に覚えている。

　しかし，今のこどもたちの遊びを観察すると，ごっこ遊びの中で「母親」の役割を演じるよりも「猫」や「犬」などのペットの役に人気が集まる傾向が見られる。ままごと遊びでは，プラスチックでできた食材を切り，フライパンや鍋に入れてかき回すことはあっても，実際に調理する感覚とは程遠いものを感じていた。

　園には花壇やプランターに花を植えていたが，観賞用であり，自由に遊びに使えるものではなかった。そこでこどもたちが日常的に身近な雑草を使って遊び込める場となることを願って，2014年に「雑草園プロジェクト」を立ち上げることにした。本来，幼稚園は雑草をすべて抜いてきれいにする場所だと考えるが，あえて"雑草を育てる"という逆の発想で取り組んでいったのである。まず，「雑草園プロジェクト」の意図を保護者に伝え，自宅やその周辺地域に生えているカラスノエンドウやツユクサ・シロツメクサ・オシロイバナ・トクサ・ヨモギ・オオバコ・ホオズキ・ヘビイチゴ・タンポポ・レンゲ，春や秋の七草など遊びに使える雑草を根っこごと，あるいは種を持参してもらうことや，生育場所の情報提供を呼びかけた。すると，今までにない大きな反響があり，プリント配布直後より問い合わせや申し出が殺到した。保護者にとっては，自

身がシロツメクサやレンゲの花でか
んむりを作ったり，オオバコで相撲
をしたり，ツユクサで爪を染めたり，
オシロイバナの種や花で遊んだこと
などの記憶が思い出され，我が子に
も同じ体験をさせたいと願っての反
応だったと推測する。

　持ち込まれた雑草類を園内に植え
ると，見る間に生い茂り，虫の棲み処になっていった。また，植えたつもりの
ないミントなどのハーブが生え，驚いたこともあった。こどもたちには雑草園
の草花は自由に遊びに使っていいことを伝えると，早速，ままごとに使ったり，
色水ジュースを作ったり，保育者に草花遊びを教えてもらうなど，室内ではで
きないような遊びが展開していった。

　実際に雑草園のヨモギを摘んで，本格的にヨモギ団子を作る活動も行った。
においや葉の裏が白いことなどを頼りにヨモギを見つけて摘み，絵本『ばばば
あちゃんのよもぎだんご』を参考に調理に挑戦した。こどもたちは「草って食
べられるんだ」という驚きが大きかったようである。

　このように雑草園プロジェクトを通して，生の植物に触れ，葉っぱや花をち
ぎって切ったり，洗ったり，すり鉢を使ってすり潰すなどの遊びを通して調理
に対する関心が高まってきたように感じる。プラスチックや廃材などで作られ
た食べものを模したものでは味わえない野菜を扱うような感覚がもてたことが
大きな成果であった。

参考文献

- 学校給食における食物アレルギー対応指針，文部科学省，2015
- 食物アレルギーを正しく知ろう，独立行政法人環境再生保全機構，2014
- 食育基本法，平成17年7月15日施行
- 石塚左玄，通俗食物養生法，1898
- 村井弦斎，食道楽，報知新聞，1903
- 楽しく食べる子どもに〜保育所における食育に関する指針〜，厚生労働省雇用均等・児童家庭局保育課長通知，2004
- 「幼小接続」から「幼小一体」へ−9年間を一体としてとらえた「初等教育要領」の開発をめざして−，神戸大学附属幼稚園・附属小学校，2016
- 無藤隆・汐見稔幸・砂上史子，3法令ガイドブック，フレーベル館，2017
- 淡路政経懇話会，料理手伝い 子成長，神戸新聞，2017年6月30日
- 科学する心を育てる，公益財団法人ソニー教育財団，2008（立花愛の園幼稚園の畑・田んぼプロジェクト実践記録入賞）
- ひょうごエコっこ育成事業実践事例集，兵庫県農政環境部環境創造局環境政策課，2014
- できることからはじめよう幼児期の環境学習アドバイスブック，兵庫県農政環境部環境創造局環境政策課，2017
- 幼稚園じほう，特集「食育を考える」，全国国公立幼稚園園長会，2005年9月号

第4章 食育という観点から見直した給食と食育指導の実践事例

1 給食を見直す

(1) 給食の3つのコンセプトに基づいた献立改革

1) 給食で扱う食材・調理方法・味付け・仕入先等を見直す

第1章で具体的に述べたように,「給食の3つのコンセプト」に基づいて,栄養士・給食調理員を中心として以下の見直しを行っていった。

給食で扱う食材の見直し

- こどもに必要な栄養のあるもの
- 基本五味を幅広く感じられるもの
- 季節や旬が感じられるもの
- 香り・色・食感・温度・テクスチャー[*16]・形・音が楽しめるもの

食材に合わせた調理方法の見直し

- 食材のもつ本来のよさを引き出す調理方法を考える(煮る・蒸す・炒める・揚げる・焼く・和えるなどの単独調理操作だけでなく,それらを組み合わせた方法を考案する)
- スチームコンベクションオーブン(p.18,脚注*3参照)等調理機器のもつ特性を熟知し使いこなす

[*16] テクスチャー:ラテン語で「織りなす」という意味。食品では,硬さ・粘り・もろさなどのことで,口中の感覚によって評価される食品の物理的性質をさす。

第4章　食育という観点から見直した給食と食育指導の実践事例　　73

食材のもつ特性を活かした味付けの見直し

- 薄味や天然だしを基本とした味付け
- おいしさの化学的・物理的要素を知り，それらを活かす味付け

食材の仕入れ業者の見直し

- 可能なものは地産地消*17を基本とする
- トレーサビリティ*18やその他の証明書等の提出が可能な仕入れ業者を基本
  とする
- 大量調理に対応できる搬入先の開拓

食材の安心・安全を確認できるシステムの構築

- 厚生労働省の出荷制限のかかっていない地域の確認ができる出荷証明書・
  産地証明書の提出要請
- 残留農薬や放射性物質検査証明書等を必要に応じて提出要請
- 食物アレルギー食に対応するための成分表の確認を栄養士・給食調理員で
  行う（要請があれば保護者に開示する）

　これらのことは一般的にいわれていることも多いが，本園では以下のことも
大切に考えて献立を考えている。

　一例をあげると，「パリパリ」「サクサク」「もちもち」「ガリガリ」「コリコリ」
「クニュクニュ」など「音まで楽しめる食材」なども意識してこどもたちに伝え
ている。これは，日本語には擬声語（擬音語と擬態語の総称：オノマトペ）の
種類が多く，その重要性が高いこととも関係が深い。食も音として楽しめれば，
こどもたちが食材をより身近に感じられるのではないかと考えている。

＊17　地産地消：「地域生産地域消費」の略。その地域でとれた農産物・水産物等をその地
　　域で消費すること。地域経済の活性化やフードマイレージの削減・食料自給率アップに
　　つながると期待される。
＊18　トレーサビリティ：食品の生産・加工・流通などの各段階で，原材料の出所や製造元，
　　販売先などの記録を記帳・保管し，食品とその情報を追跡できるようにすること。

また，「おいしさの化学的物理的要素を知り，それらを活かす味付け」にも配慮している。食べものを摂取するときの感覚には，味覚だけでなく，視覚・聴覚・嗅覚・温度感覚・触覚などがある。これらは食べものを化学的物理的に分析するための感覚であり，それらの情報を統合的に判断し「おいしい」あるいは「まずい」と感じるといわれている。

例えば「鼻を抜けて感じるような味」というように，鼻腔を通り抜けたときに感じられる味がある。本園ではそのような味を体験するために，新しょうがごはんやたけのこごはん，山菜のえぐみがほのかに感じられるぜんまいやうどの和えもの，ふきごはんやしその葉を使った料理なども給食の献立としてこどもたちに提供している。

２）献立の内容を見直す

１）で掲げたことを念頭におき，献立の内容を大きく変えていった。以下本園の給食の献立の一部を紹介したものが表Ⅰ-3「本園の給食の献立について」である。

３）献立表（給食だより）を一新する

改革を行う前の献立表は，献立ソフトによくあるようなＡ４判１枚にまとめたカレンダー表のようなものであった（表Ⅰ-4）。そこには献立名や原材料や１食当たりの栄養価等が小さい文字で書き込まれており，こどもから見ると同じ文字の羅列に見えたかもしれない。

献立表は保護者がわかればそれでよいのか？　献立表こそ給食を食べるこどもの視点に立って作成すべきではないか？　見るだけでもこどもたちがわくわくして給食を楽しみにできるような献立表にできないか？　そこで，こども自身が興味をもって見られるように次ページの【献立表（給食だより）で工夫した点】の①〜④の４点に特に配慮して献立表を一新することにした。見比べてみると以前の献立表とは受け取られ方が違うことが一目瞭然であろう（表Ⅰ-5）。

第4章　食育という観点から見直した給食と食育指導の実践事例　　75

【献立表（給食だより）で工夫した点】

①献立表をB4判に変更し，大きく見やすくする（ひと月当たりB4判2枚）

②献立名をすべてひらがな表記にし，こどもにも読めるようにする

③献立のネーミングを工夫する

・どんな給食なのか楽しみながら想像をめぐらせるネーミングの工夫

　　例：「元気部屋のちゃんこ鍋」「白雪サラダ」「ちょっと大人のゴーヤチャンプ
　　　　ルー」「シンデレラのスープ」「ふるさとごはん」「ひよこ豆のぴよぴよサ
　　　　ラダ」「鶏肉のもみじ揚げ」など

・こどもや保護者に伝えたい栄養の知識を盛り込むネーミングの工夫

　　例：「おなかのおそうじセロリサラダ」「コツコツ骨太焼きそば」など

・こどもの挑戦意欲を高めるネーミングの工夫

　　例：お箸のスキルアップ食…「つかめ！　コロコロこんにゃく」「さしたら
　　　　ダメよ！　ヌルヌルさといもの煮物」「かき込まないでマメにつかんで！
　　　　五目豆の煮もの」など

　　例：咀しゃく力アップ食…「しっかりかんでね！　大きめ野菜の筑前煮」
　　　　「しっかりカミカミ砂ずりと野菜のガーリックソテー」など

・「にこにこ畑」でとれた野菜をアピールするネーミングの工夫

　　例：「にこにこ畑のポテトフライ」「にこにこ畑のゆでそら豆」など

④その月の給食のねらいや行事にまつわる話，栄養やこどもの食に関する記
　事を掲載する

・その月に取り上げた旬の食材の紹介や，献立に盛り込んだ思いなどを伝える
・保護者やこどもに対し，コラムで栄養の啓蒙やその月の行事にまつわる食の
　話や歴史を伝える
・献立表の小さな空きスペースを利用したミニ栄養知識…イラストを入れ，マ
　ンガの吹き出し風に栄養の話を一言で伝える
・こどもと作れるクッキングや給食のレシピを紹介する

表I-3　本園の給食の献立について

本園の給食の献立について
本園が給食の献立を立てるときに気を使っていることとメニューの一部を紹介します！

こどもたちに不足しがちな栄養素

- ●カルシウム編 ……　コツコツ骨太焼きそば　　　　　　　茎ワカメのしらす和え
　　　　　　　　　　白雪サラダ（おから）　　　　　　　ヘルシーおからどんぶり
　　　　　　　　　　シシャモの唐揚げ　　　　　　　　　イワシの磯香揚げ
　　　　　　　　　　ジャコと野菜の翁和え
- ●鉄分編 …………　ふるさとごはん（大根葉）　　　　　こまつなツナサラダ
　　　　　　　　　　ワカサギの南蛮漬け　　　　　　　　ハンバーグのひじきあんかけ
　　　　　　　　　　鶏レバーのコトコトしょうが煮

こどもたちに食べてほしい食材・食卓から消えつつある食材

- ●青魚 …………　鰆のみそマヨネーズ焼き　　　　　　鯛の南蛮漬け
- ●野菜類 …………　ベーコンとセロリのトマトスープ　　ふきごはん
　　　　　　　　　　おなかのおそうじセロリサラダ　　　元気部屋のちゃんこ鍋
　　　　　　　　　　根菜のポタージュ　　　　　　　　　鶏肉と夏野菜のラタトゥイユ
- ●豆類 …………　大豆の元気汁　　　　　　　　　　　ひよこ豆のぴよぴよサラダ
- ●きのこ類 ………　チキンときのこの秋カレー　　　　　ハンバーグと3種のきのこソース
- ●海藻類 …………　糸コンブの煮物　　　　　　　　　　ワカメとトマトのさっぱり和え
　　　　　　　　　　こんにゃくとひじきのうまうまキンピラ　ひじき入り五色サラダ
- ●乾物 …………　白身魚のアオサあんかけ　　　　　　きくらげ
　　　　　　　　　　切干し大根　　　　　　　　　　　　高野豆腐など
- ●おふくろの味 …　しっとりおから　　　　　　　　　　筑前煮
　　　　　　　　　　五目豆　　　　　　　　　　　　　　酢のもの
　　　　　　　　　　煮もの　　　　　　　　　　　　　　白和え　　　等々…

行事食

- ●節分 …………　節分豆ごはん　　　　　　　　　　　鰯の天ぷら
- ●ひなまつり会 …　雛寿司　　　　　　　　　　　　　　ひし餅ゼリー
- ●七夕まつり ……　七夕そうめん　　　　　　　　　　　お星さまゼリー
- ●お月見会 ………　おだしのきいた月見うどん　　　　　月見団子
- ●クリスマス会 …　鮭のオーロラ焼き　　　　　　　　　クリスマスチキン
- ●冬至 …………　冬至かぼちゃのそぼろあん　　　　　柚子みそ和え
　　　　　　　　　　冬至こんにゃくごはん　　　　　　　シンデレラのかぼちゃポタージュ

お箸のスキルアップ食

つかめ！コロコロこんにゃく
さしたらダメよ！　ヌルヌルさといもの煮物
かき込まないで，マメにつかんで！　五目豆の煮もの

第4章　食育という観点から見直した給食と食育指導の実践事例　77

こどもたちの咀しゃく力（かむ力）をアップさせるもの

- ●かみかみ食 …… 切干し大根のカミカミサラダ　　　　干し魚
  　　　　　　　　五穀米　　　　七分づき米　　　　五分づき米
  　　　　　　　　しっかりかんでね！　大きめ野菜の筑前煮
  　　　　　　　　干し野菜のみそ汁（体験！　干し野菜作り）
  　　　　　　　　しっかりカミカミ砂ずりと野菜のガーリックソテー
  　　　　　　　　かんであじわう！　ごぼうとコンニャクのきんぴら

郷土料理

　　　　　　　　　飛鳥汁（奈良県）　　　　　　　　芋煮（秋田県）
　　　　　　　　　鮭のチャンチャン焼き（北海道）
　　　　　　　　　にんじんしりしり・苦みをおさえたゴーヤチャンプルー（沖縄県）
　　　　　　　　　牛すじときのこのぼっかけ丼（兵庫県）　　等々……

こどもたちの味覚の幅を広げるもの

- ●苦味 …………… ちょっと大人のゴーヤチャンプルー
- ●うま味 ………… 天然だしで炊く新米ごはん　　　　おだしのきいた月見うどん
  　　　　　　　　だしがきめて！たっぷり野菜の菜種和え
  　　　　　　　　最後までおいしく⇒だしから作った手作りふりかけ
- ●酸味 …………… 白身魚と夏野菜のレモン風味　　柿なます　　夏野菜の梅肉和え
- ●砂糖を使わない自然な甘味 … さつまいもごはん　　カラフルかぼちゃサラダ
- ●渋味 …………… 渋い味って!? 渋柿から変身！　合わせ柿・干し柿体験
- ●辛味 …………… ししとう　　　　　　　　　　　万願寺とうがらし
- ●塩味 …………… 干し魚　　　　　　　　　　　　いろどり野菜の梅風味（梅干し）
- ●大人の味 ……… ぽかぽかかす汁　　　　　　　　しょうが風味の五色サラダ
  　　　　　　　　たけのこごはん　　　　　　　　新しょうがごはん

四季を感じる旬の食材

- ●春が旬の食材 … 新玉ねぎの開花丼　　　　　　　春キャベツの胡麻よごし
  　　　　　　　　春の肉じゃが（皮付き新じゃがいも）　新しょうがごはん
  　　　　　　　　うどの酢味噌和え　　　　　　　菜の花のウマだし和え
  　　　　　　　　新ごぼうのうまうまきんぴら　　鰆の塩焼き　　　等
- ●夏が旬の食材 … つるむらさきのとろりんスープ　とうがんのカレーそぼろあんかけ
  　　　　　　　　モロヘイヤのねばねば和え　　　パプリカとズッキーニの炒めもの
  　　　　　　　　ちょっと大人のゴーヤチャンプルー　鰯の石垣揚げ
  　　　　　　　　枝豆ごはん　　とうもろこしごはん　色がきれいなトマトごはん
- ●秋が旬の食材 … 薬の魚！さんまの塩焼き　　　　鶏肉のもみじ揚げ
  　　　　　　　　ほんのり甘いさつまいもごはん　3種のきのこ汁
  　　　　　　　　天然だしで炊く新米ごはん　　　手作り干し野菜の味噌汁
- ●冬が旬の食材 … 冬至かぼちゃのそぼろあんかけ　春菊と豚肉のまぜごはん
  　　　　　　　　花野菜（カリフラワー・ブロッコリー）のタルタルサラダ
  　　　　　　　　山いものすり流し汁　　　　　　シャキシャキれんこんの炒め煮

表Ⅰ-4 旧献立表（一部掲載）

9がつのきゅうしょくだより

H24年 9月 武庫愛の園幼稚園

日	曜日	献立名	黄の食品 働く力になる	赤の食品 血や肉になる	緑の食品 体の調子を整える	1食あたりの栄養価	行事、遠足等
4	火	☆なつやさいかれー ☆つなとまかろにのさらだ ☆ふくじんづけ ☆ぎゅうにゅう	米、じゃが芋、マヨネーズ、マカロニ	豚肉、ツナ、牛乳	玉葱、人参、茄子、トマト、ピーマン、胡瓜、福神漬け	エネルギー 535 kcal たんぱく質 12.6 g 脂質 16.3 g カルシウム 152 mg 食塩 1.7 g	年長組 園外保育 ぶどう狩り おにぎり弁当持参
5	水	☆ごはん ☆とんかつ ☆わかめときゅうりのすのもの ☆とうふとおくらのすましじる ☆ぎゅうにゅう	米 油	豚カツ 豆腐 牛乳	若布、胡瓜、キャベツ、オクラ、玉葱	エネルギー 530 kcal たんぱく質 22.2 g 脂質 15.6 g カルシウム 170 mg 食塩 1.6 g	
6	木	☆ちきんらいす ☆ごまどれっしんぐさらだ ☆ぽぽいすーぷ ☆おれんじ ☆ぎゅうにゅう	米	鶏ミンチ、ハム、胡麻、牛乳	玉葱、人参、グリーンピース、キャベツ、胡瓜、人参、もやし、ほうれん草、オレンジ	エネルギー 446 kcal たんぱく質 12.2 g 脂質 11.7 g カルシウム 173 mg 食塩 2.1 g	
7	金	☆つなごはん ☆かぼちゃとあつあげのそぼろに ☆きのこじる ☆ぎゅうにゅう	米 じゃが芋 こんにゃく	ツナ、鶏ミンチ、厚揚げ、味噌、牛乳	人参、南瓜、椎茸、しめじ、えのき、なめこ、玉葱、青葱	エネルギー 463 kcal たんぱく質 16.9 g 脂質 12.1 g カルシウム 226 mg 食塩 1.8 g	年中組 園外保育 スカイパーク おにぎり弁当持参 あかき・ほし組
10	月	☆おやこどんぶり ☆きゅうりとはるさめのちゅうかあえ ☆ばなな ☆ぎゅうにゅう	米 春雨	鶏肉、卵、牛乳	玉葱、人参、青葱、胡瓜、キャベツ、コーン、バナナ	エネルギー 536 kcal たんぱく質 15.3 g 脂質 9.0 g カルシウム 177 mg 食塩 1.8 g	
11	火	☆ごはん ☆さんまのたつたあげ ☆ひじきのにもの ☆そうめんしる ☆ぎゅうにゅう	米 そうめん	秋刀魚の竜田揚げ、うす揚げ、かまぼこ、牛乳	ひじき、人参、玉葱、椎茸、とろろ昆布、青葱	エネルギー 541 kcal たんぱく質 18.3 g 脂質 18.6 g カルシウム 222 mg 食塩 2.2 g	年中組 園外保育 スカイパーク おにぎり弁当持参 しろみどり ゆき・つき組
12	水	☆くりごはん ☆みーとぼーる ☆びーふんそてー ☆りょくおうしょくやさいのみそしる ☆ぎゅうにゅう	米 ビーフン	栗、ミートボール、豚肉、味噌、牛乳	キャベツ、玉葱、人参、ニラ、南瓜、ほうれん草	エネルギー 504 kcal たんぱく質 15.3 g 脂質 15.5 g カルシウム 162 mg 食塩 1.5 g	
13	木	☆ちゃんぽんめん ☆えだまめ ☆おれんじ ☆ぎゅうにゅう	中華めん	豚肉、かまぼこ、牛乳	玉葱、人参、もやし、白菜、青葱、枝豆、オレンジ	エネルギー 456 kcal たんぱく質 16.0 g 脂質 13.5 g カルシウム 187 mg 食塩 2.2 g	
14	金	☆たまごぱたーらいす ☆めんちかつ ☆ごもくきんぴら ☆あつあげと ☆ぎゅうにゅう	米 こんにゃく	卵、メンチカツ、鶏	牛蒡、人参、ピーマン、茄子、玉葱、青葱	エネルギー 531 kcal たんぱく質 17.9 g 脂質 15.6 g カルシウム 199 mg 食塩 1.9 g	
18	火	☆むぎごはん ☆さーもんふらい ☆しるばーさらだ ☆れたすとこーんのすーぷ	押し麦 米、油 春雨	サーモンフライ、	胡瓜、人参、キャベツ、レタス、コーン、玉葱	エネルギー 571 kcal たんぱく質 18.6 g 脂質 19.7 g カルシウム 173 mg 食塩 1.7 g	
19	水	☆やきそば ☆みにどっく ☆ばなな ☆ぎゅうにゅう	焼きそば	豚肉、ミニドック、牛乳	キャベツ、玉葱、人参、もやし、バナナ	エネルギー 503 kcal たんぱく質 14.1 g 脂質 16.7 g カルシウム 180 mg 食塩 1.9 g	
20	木	☆ごはん ☆おかかふりかけ ☆とりにくとやさいのてっかに ☆とはくさいのみそしる ☆ぎゅうにゅう	米 じゃが芋 こんにゃく 麩	おかかふりかけ、鶏肉、厚揚げ、味噌	人参、ごぼう、グリーンピース、白菜、玉葱、青葱	エネルギー 481 kcal たんぱく質 15.8 g 脂質 10.8 g カルシウム 244 mg 食塩 1.8 g	年中組年少組 親子遠足 お弁当持参
21	金	☆はやしらいす ☆はむとたいこんのさらだ ☆おれんじ ☆ぎゅうにゅう	米 油	牛肉、ハム、牛乳	玉葱、人参、グリーンピース、大根、キャベツ、胡瓜、オレンジ	エネルギー 572 kcal たんぱく質 12.8 g 脂質 19.6 g カルシウム 185 mg 食塩 2.1 g	
24	月	☆せきはん ☆えびふらい ☆すぱげてぃーおーろらさらだ ☆かきたまじる ☆よーぐると	米 スパゲティー 油	小豆、エビフライ、卵、ヨーグルト	キャベツ、人参、コーン、胡瓜、玉葱、青葱	エネルギー 439 kcal たんぱく質 15.2 g 脂質 8.7 g カルシウム 140 mg 食塩 1.9 g	お誕生日会
25	火	☆てんじんらいす ☆ちくわのいそべあげ ☆ほうれんそうのごまあえ ☆あげただいこんのみそしる ☆ぎゅうにゅう	米 油	竹輪、胡麻、うす揚げ、味噌、牛乳	人参、青のり、ほうれん草、キャベツ、もやし、大根、青葱	エネルギー 406 kcal たんぱく質 14.1 g 脂質 8.2 g カルシウム 184 mg 食塩 2.0 g	
26	水	☆ろーるぱん ☆みにおむれつ ☆ぐりーんさらだ ☆はるさめのかれーすーぷ ☆ぎゅうにゅう	ロールパン 春雨 じゃが芋	卵 豚ミンチ 牛乳	キャベツ、胡瓜、人参、玉葱、ニラ	エネルギー 530kcal たんぱく質 15.7 g 脂質 23.4 g カルシウム 104 mg 食塩 2.2 g	

表Ⅰ-5　改善後の献立表（一部掲載）

（２）給食に関するマニュアルの作成と給食調理員研修の実施

　本園は，厚生労働省令で定められる「特定給食施設」にあたる。「特定給食施設」とは，「健康増進法[19]」第20条第1項によると「特定かつ多数の者に対して継続的に食事を供給する施設のうち栄養管理が必要なもの」とされている。また同法施行規則第5条には，特定給食施設とは「継続的に1回100食以上又は1日250食以上の食事を供給する施設」と定められている。

　なおかつ，同一メニューを1回300食以上提供する「大量調理施設」としても位置付けられている。大量調理施設は厚生労働省の定める「大量調理施設衛生管理マニュアル[20]」に則し，HACCP[21]の概念に基づいた衛生管理を適用しなければならないとされている（下記囲み参照）。

　それゆえに，調理に携わるもの全員が，特定給食施設・大量調理施設である

【大量調理施設衛生管理マニュアルの趣旨（一部抜粋）】

　本マニュアルは，集団給食施設等における食中毒を予防するために，HACCPの概念に基づき，調理過程における重要管理事項として，

①原材料受入れ及び下処理段階における管理を徹底すること。

②加熱調理食品については，中心部まで十分加熱し，食中毒菌等（ウイルスを含む。以下同じ。）を死滅させること。

③加熱調理後の食品及び非加熱調理食品の二次汚染防止を徹底すること。

④食中毒菌が付着した場合に菌の増殖を防ぐため，原材料及び調理後の食品の温度管理を徹底すること。

---

*19　健康増進法：生活習慣に関する正しい知識の普及と国民の健康増進を図ることを目的として2002年に制定された法律。

*20　大量調理施設衛生管理マニュアル：同一食材を使用し，1回300食以上または1日750食以上を提供する大量調理施設，中小規模調理施設等に適応される厚生労働省の定めるマニュアルのこと。随時改正される。

*21　HACCP：1960年代に米国で宇宙食の安全性を確保するために開発された食品の衛生管理方式。この方式は国連食糧農業機関（FAO）と世界保健機関（WHO）の合同機関である食品規格委員会（Codex）から発表され，各国にその採用を推奨している国際的に認められたもの。我が国では，1996年に食品衛生法の一部を改正し，総合衛生管理製造過程の承認制度が創設され施行された。

という意識と責任感をもち，学んで実践していかなければならないという強い思いで取り組んでいる。筆者が復職してからは，HACCPの概念に基づいた本園独自の「給食衛生管理マニュアル」や「食物アレルギー対応マニュアル」「緊急災害時対応マニュアル（災害時の備蓄物の管理・アレルギー対応食を含む）」等を作成し，教職員を対象とした研修を定期的に行っている。同時に，衛生講習や調理講習などの外部研修にも栄養士をはじめ調理師にも参加を促している。また，尼崎市のHACCP推進事業所としても認証を受けている。

給食室の建築アイデア

誕生！「お〜い！ 給食のおばちゃん窓」

本園には「お〜い，給食のおばちゃん窓」と称する窓が存在する。それは1階と2階の踊り場にあり，床上から80cm×200cmほどの広さに開口し，こどもたちがその窓から給食室を上から俯瞰的に覗けるようになっている。

なぜこのような窓が存在するのか!? それは旧園舎の構造にあった。10年前までこどもたちが生活していた古い園舎の給食室は保育室から離れた場所にあり，アルミの扉で仕切られていた。お昼前になるとおいしそうな匂いが立ち込めてくるのに，保育室に運ばれ配膳されて初めてこどもたちはそれがどんな料理なのかを知ることになっていたのである。

果たしてできあがった給食を食べるだけでいいのか!? こどもたちの体をつくるのには食べるだけで十分なのかもしれない。しかし，保育という視点から給食をとらえたときに，こどもたちの心の中に何が育つのだろうか？

そう疑問を感じ始めたときに，ちょうど耐震化のために園舎を建て替えるという話が舞い込んできた。職員間や設計士とのやりとりでもカンカンガクガクの議論が沸き起こった。「そんな窓が必要あるのか？」「構造的に見ても，踊り

場に窓があるなんておかしいし，聞いたことがない」．そういった意見の中，保育者は踏ん張り続けた！　給食の食材がどんなものかを知り，どんな人が搬入し，どんなふうに調理され，保育室まで運ばれていくのか，そして食べ終わった後の食器がどんなふうに片付けられていくのか，自分たちの残した給食が最

後はどうなっていくのか…．そうした一つひとつの工程をこどもたちが自身の目で見て，確かめ，感じることこそが大切なのではないか，そして園内で働く保育者以外の大人の姿を見せることがこどもたちの心の成長につながっていくのではないか，と押し切ったのである．こうして，設計から2年の歳月を経て新園舎は落成を迎えた．

　真新しい園舎になり，喜びでいっぱいのこどもたち．建ち上がったばかりの園舎を心躍らせながら探検して回った．そして発見したのである！　あの踊り場の窓を‼

　「うわっ，見てみっ！　あそこに給食のおばちゃんがおる‼」とある子が叫ぶのと同時に「わっ，ほんまや」「野菜洗ってる」「大きなお鍋がある．お風呂みたい」と一斉に窓に張り付き中を覗き始めた．ざわめき立った様子に気が付いた給食調理員さんたちが，こどもたちが覗く窓に向かって微笑みかけると，まるでテレビ番組のヒーローに出会ったかのような声で「給食のおばちゃ～ん！」「お～い！」とハイテンションコールとバイバイの嵐が沸き起こった．

　この窓の存在を知ったことで，それからも興味を寄せながら通りかかるたびに中を覗くこどもが日に日に増えていった．そしてこの窓を通して野菜，魚，肉，果物などのさまざまな食材や調理する様子を見たり，ザブザブ洗う音・包丁が刻むリズミカルな音・炒める音やグツグツ煮込む音を聞いたり，漂ってくるおいしそうなにおいをかいだり…今までよりも給食調理員や給食を身近に感じるようになっていったのである．それを示すかのように，給食を食べながら「このキャベツ，給食のおばちゃんたちが切っとったやつや」「見た見た！　こ～んなにいっぱい切ってた！」「おばちゃんたちが一生懸命作っとったから残したらアカン」などこどもたち同士の会話が，給食調理員さんが働く姿を目の

当たりにしたからこそ出て来る言葉で紡がれるようになっていった。

　この窓を通して，これまで食べることが中心だった給食の存在が，視覚・聴覚・嗅覚・味覚を通して感じられるものへと変わっていった。

　同時に，建て替えの際，本当はあまり見せたくない洗浄室もあえて透明の折り畳み扉仕様にし，中の作業が見えるようにした。自分たちの食べた後の食器がどのように洗われていくのか，食べ残した食材はどうなっていくのかを目の当たりにすることで，「ごはん粒ついたままやったらあかん」「いっぱい残したらおばちゃんたちかわいそうやな」という言葉とともに今まで味わったことのない感情の揺れが感じられるようになっていった。

食育指導を見直す

（1）栄養士・保育者・保護者の願いを込め，給食と直結した食育指導に！

1）食育指導の内容を考える

　実践事例で紹介したように「給食のおばちゃんのお手伝い」や「田んぼ・畑プロジェクト」等を通してこどもたちは主体的に食と関わりがもてるようになっていった。

　しかし，教育・保育方針の4つの柱 (p.27, 図Ⅰ-9参照) のひとつである「からだとこころとあたまによいものを自分で選んで自分で食べる力」を培うためには食育指導をどのように行ったらよいのかが次なる課題となった。こどもたちが食への知識を深め，納得して自ら食べるための食育のあり方について思索した際，指標としたものが「学校給食法」第3章第10条の一文である。そこには，「健全な食生活を自ら営むことができる知識及び態度を養うため，（中略）学校給食を活用した食に関する実践的な指導を行うものとする」と述べられており，給食を「生きた教材」として活用することが望ましいと記されている。一般的な栄養の話も大切だが，幼児には具体性がなくいまひとつ理解しにくい側面がある。学校給食法で明示されているように，給食を活用した実践的な食育を行

うことが，こどもにとってよりわかりやすいものになるのではないかと思われた。

ところで，栄養士や給食調理員は時折こどもたちの給食の様子を見ることはあるが，こどもたちが給食を食べるなかで日々どんなところで困っているのか，どのような援助を必要としているのかまで知ることは難しい。そのような細やかなこどもたちの心の動きを把握しているのは保育者である。また，保護者と連絡を取り合い，こどもに対する願いを共有しているのも保育者である。そこで，保育者と栄養士が中心となって，そうしたこどもに対する願いを具現化するために，どのような食育指導を行っていったらよいかを考えていった。

話し合いの中で，食育指導で取り上げるべき題材は以下の5点に絞られた。①〜③はこどもたちの実情に即した内容であり，④⑤は厚生労働省雇用均等・児童家庭局が「食育基本法」の考え方を受けて発した「食育の5項目」(p.29)を参考にしたものである

【食育指導で取り上げた内容】

①栄養士・保育者・保護者がこどもに食べられるようになってほしいと願う食材
②給食の残食の多い食材
③こどもに不足しがちな栄養素などを多く含む食材
④食を通じて，人々が築き，継承してきたさまざまな文化を理解し，つくりだす力を養う内容
⑤食を通じて健康な心と体を育て，自らが健康で安全な生活をつくり出す力を養う内容

これらを中心として食育指導を行っていくことが必要であるということがまとまり，食育の年間指導計画の中に盛り込んでいった。

2）「給食を生きた教材」とした食育指導の方法を考える

食育指導の内容を考えるのと同時に，食育指導の方法にも工夫をめぐらせた「給食を生きた教材」とするために，具体的に考案し，実践している方法は次の3点である。

第4章　食育という観点から見直した給食と食育指導の実践事例　85

①取り上げる内容に合わせた教材を手作りする

　食育指導の教材は市販のものが多くあるが，取り上げた題材を的確に伝えられないもどかしさを感じていた。そこで，こどもの発達段階を考慮に入れ，興味・関心を引き付けられるよう教材研究し，パネルやエプロンシアター，模型など教材を多数手作りすることにした。同じ食育のテーマであっても，年少・年中・年長とでは理解力や経験の幅も違うため，その学年に応じた指導案を立てて実践している。

②食育指導は給食の配膳前の10分間が勝負！

　食育の話をするのは，給食を配膳する前の10分間を使って行うことにした。なぜその時間帯に行うのかというと，話を聞いて食材に対して関心を高めた後，すぐにそれを味わえることで最大の効果を得られると考えたからである。加えて「いただきます」の前はこどもたちの集中力もあり，内容の定着率も高いと思われたことも理由のひとつである。

　内容によっては給食の配膳前ではなく，集会のときなどにも時間をとって行うこともある。

③伝えたいテーマはワンフレーズでこどもたちにも覚えられるものを！

　例えば，給食でさばの塩焼きが献立に上がる日には「青いお魚を食べると血がサラサラになる」というテーマで話をしている（食育指導実践事例1参照）。このようにひとつの食育指導の内容には，こどもがワンフレーズで唱えられるような，できるだけ簡潔なキャッチコピーを作って話すことを心がけている。

（2）「給食を生きた教材」とした食育指導の実践事例とこどもたちの変容

　筆者自身「食育指導」という言葉は用いているものの，「指導」というスタンスには違和感を覚えている。実際にこどもたちの前に立って手作りの教材を使って話をするのだが，「指導」というよりも「保育」するという感覚が近い。「指導」という言葉には「教え込む」「上から与える」といったニュアンスが含まれているが，できるだけそうならないように，こどもたちが興味や関心をもって目の前に配膳された給食を食べたいと動機付けられるよう配慮している。

　また，同じテーマでも，年齢や生活経験の差によって理解力が大きく異なるため，年少児から年長児の発達に合わせて話の運び方や肉付けを変えて話をす

86　第Ⅰ部　「保育者」と「栄養士・給食調理員」と「家庭（保護者）」をつなぐ

るようにしている。

　上述したことを考慮に入れながら，食育という領域の中での食育指導の位置
付けを明確にするために，食育の達成目標として以下の3点を掲げて取り組ん
でいる。

【食育の達成目標】

①みんなと一緒に楽しく食べる（共食）。（食育指導実践事例5参照）

②健康や発達を維持するために必要な栄養価のある食べものを知り，進んで食
べるようになる。（食育指導実践事例1・2・3・5参照）

③食を通じて，人々が築き，継承してきたさまざまな文化やマナーを理解し，
実践するようになる。（食育指導実践事例4参照）

　これらは，第Ⅲ部で後述する2017年に告示された幼稚園教育要領の第2章
領域「健康」「3内容の取扱い」の中で明記されている「（4）健康な心と体を
育てるためには食育を通じた望ましい食習慣の形成が大切であることを踏まえ，
幼児の食生活の実情に配慮し，和やかな雰囲気の中で教師や他の幼児と食べる
喜びや楽しさを味わったり，様々な食べ物への興味や関心をもったりするなど
し，食の大切さに気付き，進んで食べようとする気持ちが育つようにすること」
にも則した目標となっている。

食育指導　**実践事例1**　**青魚のお話**……………………………………… 9〜10月

【題材として取り上げた理由】

　秋になると秋刀魚や鯖が旬となり，給食にも献立に上がることが多い。秋刀
魚は "薬の魚[*22]" と呼ばれるほど栄養が豊富である。しかし，塩焼きで出しても，
はらわたの何ともいえない気持ち悪さと苦みを嫌ってか残食量が多かった。ま
た，近年洋食化が進み，家でもあまり魚を食べたことのない幼児が増えており，

＊22　薬の魚 ： 秋刀魚は「薬の魚」といわれるほど，さまざまな効能がある。秋刀魚は不飽
和脂肪酸のEPAとDHAが血中コレステロールの増加をコントロールし，脳細胞の働き
を活発にするといわれている。他にもビタミンB₁₂や鉄分が豊富で，貧血や神経過敏に
も効果があるといわれている。

第4章　食育という観点から見直した給食と食育指導の実践事例　　**87**

家庭への啓蒙も兼ねて，秋刀魚や鯖が旬となる秋に青魚についての話を行うことにした。

【テーマ（ワンフレーズキャッチコピー）】

「青いお魚を食べると，血がサラサラになる」

【食育指導のタイミングと所要時間】

青魚が給食の献立に上がる当日の配膳前の約10分間

【食育指導の導入と展開およびこどもの変容】

このテーマを取り上げる日は，いつも秋刀魚や鯖など青魚が献立に上がる日と決めている。

まず，「みんなの体の中に流れている赤いものってな〜んだ？」とクイズを出すと，年長はすぐに「血」という答えが返ってくる。しかし，年少は「トマト」「リンゴ」など赤という言葉に反応する回答になることもあるので「みんなが転んだときに，おひざから出てくるのは？」と言い換えると「血」という回答が導き出せる。「この血はね，体中を流れているんだよ。お手々見てごらん」とひじの内側の太い血管を見つけさせるなど血管探しをすると，「ここにもある」と太ももをさしたり，手のひらや手の甲をさしたりする。ここで極めつけの驚きが引き出せるポイントが。「アッカンベーしてお友だちのお目々見てごらん」と伝えると，「うわっ，目の下にも血が流れてる」「先生，めん玉にも赤い血が見える」と保育室中が驚きの声で包まれる。血には流れる通り道が体中にあり，年長からは「血管」という言葉を引き出せることも多い。

次に，「みんなはケーキ好きかな？」「ポテトチップス好きかな？」「唐揚げとか天ぷら好きかな？」「焼肉好きかな？」と尋ねると，ほとんどのこどもたちが「好き！」と答えてくる。そこで，「そうしたアブラの多い食べものばっかり食べているとどうなるか知ってる？」と問いかけ，一部を縦半分に切った洗濯ホースを血管に見立て，「ここにも脂がぺたっ」と用意していた粘土をどんどん貼り付け，血管が詰まる様子を示すと，「血が流れなくなる」「病気になる」ということにこども自身が気付いていく。

ここからが本題で，「そうならないようにするためにはね，ある食べものを

食べると血がサラサラになるんだよ」と話すと、それが何の食べものなのか興味津々な様子で、早く回答が知りたい、教えてほしいという気持ちが高まっていくことが伝わってくる。「それはね、"青いお魚を食べると血がサラサラになる"んだよ」と話すと「え〜っ」「ほんと〜？」と驚きと半信半疑の気持ちとが入り混じった声が上がる。

事前に、青魚の種類を知らせることを目的として、実物大のパネルを数枚密かに廊下に隠しておいた。保育室の窓からまるで魚があいさつに来たかのように「こんにちは〜」と

小さないわしから順に、あじ・秋刀魚・鯖と見せ始めると大喜び。そして、少し大きなかつおを見せると歓声が上がった。最後に巨大まぐろのパネルを出すと、その大きさに「うわーっ、でっかい！」という声が。刺身や寿司ねたとしてはなじみのあるまぐろが、これほど大きな魚だったことに対する驚嘆の声だった。

そして鯖の塩焼きがこどもたちのお皿に配膳されていくと、「これ食べると血がサラサラになんねんな」「むっちゃ、おいしいわ〜」「先生、全部食べた！」と完食する子が続出。

翌日には「先生、おうちで青魚食べた！」「昨日の夜、秋刀魚食べた！」と嬉しそうに報告してくれる姿があった。保護者からも「いつもは魚を出しても食べないのに、『青いお魚食べたい』って言うんです」「スーパーでまぐろのお刺身を買おうとしたら、『まぐろはこ〜んなに大きいんだよ』って言ってました」という報告も受け、こどもたちを通じて家庭へと波及することを実感した。

第4章　食育という観点から見直した給食と食育指導の実践事例　89

食育指導　**実践事例2**　**ウンチのお話（食物繊維）**　…………………… 10～11月

【題材として取り上げた理由】

本園の保護者を対象としてこどもたちの偏食調査を行うと，上位に上がるのが「野菜類」「きのこ類」「豆類」である（p.15, 図Ⅰ-3参照）。事実，給食の残食量が多いものは野菜やきのこ，海藻，豆などを使った献立であり，保育者も食べさせるのに苦慮している様子も見受けられていた。

一方で，秋たけなわのこの時期に，こどもたちは園外保育でいもほり遠足に出かけ，園内の「にこにこ畑」でもさつまいもの収穫を経験する。そして，収穫したさつまいも

にこにこ畑でおいもほり

を使った献立が給食に何度か登場する。また，こどもたち自身がさつまいもを使ったクッキングをする機会も多い。ドラム缶で作った手作りの焼きいも器で焼きいもをしたり，茶巾絞りや大学いも・スイートポテト・おさつ蒸しパン・さつまいもホットケーキ・干しいもなど多彩な調理を体験したりする。

このようにこどもたちにとって親しみ深いさつまいもには食物繊維[*23]が多く含まれている。食物繊維は腸内環境を整える第6の栄養素[*23]としても，近

[*23] 第6の栄養素としての食物繊維：人間の生命維持に必要な栄養素として①糖質，②たんぱく質，③脂質，④ビタミン，⑤ミネラルがあげられ，総称して「五大栄養素」といわれる。近年，第6の栄養素として「食物繊維」が，第7の栄養素として「ファイトケミカル」が注目を集めている。食物繊維は体内の消化酵素で消化されずそのまま排出される成分で「水溶性食物繊維」と「不溶性食物繊維」の2種類があり，それぞれの働きには違いがある。前者は糖質の吸収を緩やかにし，ゲル状の柔らかい便を作って出やすくする作用がある。後者は便のカサを増し，腸の蠕動運動を促進する効果があるといわれている。しかし，大豆やごぼうなどの「不溶性食物繊維」ばかりをとりすぎても便秘になることがあり，海藻や果物など水溶性の食物繊維と一緒にバランスよくとることが快便につながるといわれている。

年その機能性に関しての注目度が高くなっている。そのことに着目し，"食物繊維"をキーワードとして，苦手なこどもの多い野菜・きのこ類・海藻類・豆類にも関心をもって，口にしてもらえるよう「ウンチのお話」を題材にすることにした。

【テーマ（ワンフレーズキャッチコピー）】

ドラム缶の手作り焼きいも器

「食物繊維（年齢に応じて，3歳児などは豆などの具体的な食材名を伝える）をとると，いいウンチ！」

【食育指導のタイミングと所要時間】

野菜・豆類・きのこ類・海藻類が給食の献立に上がる当日の配膳前の約10分間

【食育指導の導入と展開およびこどもの変容】

「今からする先生のお話はね，食べものを食べたらお尻から出てくるもののお話で〜す。それな〜んだ？」とクイズから入ることにしている。すかさずこどもたちは「ウンチ！」と保育室中が笑いの渦に。「そう！　みんな笑ってるけど，ウンチってとっても大事なんだよ。ウンチを見ると，みんなの体が元気か病気かもわかるんだよ」と仕切り直すと，こどもたちは真剣な表情に戻っていく。

ここで手作りの3種類のウンチパネルを取り出し，こどもたちの便について質問を開始していく。「びちゃびちゃウンチの人？」と尋ねると，「はい」と手をあげる子や「前，びちゃびちゃやった」という子もいる。パネルに貼ってある付箋をはがすと「病院へ行こう」の文字が。

次に「バナナウンチの人？」と尋ねると，大半のこどもが「はい，はい」と元気よく手をあげる。再びパネルに貼ってある付箋をはがすと「いいウンチ」の文字が表れ，こどもたちはガッツポーズで得意顔。

最後のパネルを見せ「コロコロウンチの人?」と尋ねると，少数の子の手があがる。なかには，「コロコロのときもある」と答える子や，「うちのママいつも便秘って言ってる」と語ってくれる子もいる。「そうだよね。コロコロウンチのときは，おなかもお尻も痛いよね」と話すと，ほとんどのこどもたちに経験があるのかうなずく姿が見られる。このパネルに貼ってある付箋はあえてここでははがさず，次の話題に移る。

ここからが本題で，「では，みんなのウンチがどうやってできるのか見てみよう」と投げかけていく。それから「みんなで"あいのそのお君"って呼んでみて」と，こどもたちの呼ぶ声に合わせて，「は〜い」と廊下に隠しておいた消化器系の模式図をかたどった手作りの人型パネルを登場させる。「みんなの体の中はね，そのお君みたいに口からお尻の穴まで１本のなが〜いなが〜い管（くだ）でつながっているんだよ」と洗濯ホースを使って説明すると驚きの表情を見せる。

「そのお君は朝，おにぎりを食べました。（おにぎりスティックを口のところに入れる）『もぐもぐ…』すると口の中で小さくなって，細長いところを通って，"胃"っていう広いお部屋に着きました」（小さく砕かれたおにぎりスティックを，食道を通って胃に移動させる）「ここで食べものを溶かす液が出て，おにぎりはもっともっとちいさくなってドロドロになってしまいます」「ドロドロになってから，ようやく栄養になって，みんなの体を大きくしたり，体を動かしてくれたりできるようになります」とこどもたちの反応を見ながら，言葉を換えたり，付け加えたりしながら理解につながるよう説明を続けていく。

そこで「栄養が吸い取られたら，残ったものはどうなるかな？」と投げかけると，年長は「カスになる」「色水作るとき，お花をギュッて絞ったら小さくて固まる」と自分たちの経験と重ね合わせた言葉が発せられる。「そうなの。

参考資料：ウンチの話の進め方

ウンチの話　～食物せんいについて～

導入

今日のお話は「食べものを食べたらおしりから出てくるもの」のお話です。何だろう。➡（こども：「ウンチ」！　笑う）
そう！　みんな笑ってるけど，ウンチってとっても大事なんだよ。
ウンチでみんなの体が健康か病気かもわかるんだよ。

1　ウンチの種類

では，みんなに質問です。➡ ウンチパネル を出す
ウンチには3つのタイプがあるんだけど，みんなのウンチはどれかな？　手をあげてね。
「びちゃびちゃウンチ」の人？
「バナナウンチ」の人？
「コロコロウンチ」の人？

（こどもの意見を拾いながら1枚ずつ付箋を取る。コロコロウンチの付箋は外さない）

2　ウンチのでき方

では，みんなの体の中でウンチがどうやってできるのか見てみよう！➡ 消化器官パネル を出す
前にお話したことを覚えているかな？　みんなの口からおしりまで1本の管でつながってるんだよね。
➡ ホース を見せる　──これはホースだけど，体の中もホースと同じように口からおしりまで1本の管でつながってます。
（消化器官パネルを使って操作しながら）
あいのそのお君がおにぎりや目玉焼きを食べました。口の中でカミカミすると小さくなるよね。それをゴックンすると 食道 を通って，胃 に行きます。すると食べものを溶かす液が出て，もっともっと小さくなってドロドロになります。小さくてドロドロになった食べものは 小腸 というグニャグニャのなが～いなが～い管の中で栄養が吸い取られていきます。そして，残ったカスが 大腸 に行って，水分が吸い取られてウンチになります。

3　食物せんいの話

（消化器官パネルを使って操作しながら）
でもね，「便秘」といって，ウンチが出ない人もいます。その人のお腹の中はどうなっているのかというと，ウンチが大腸の中で溜まって溜まって…大変なことになっています。苦しそうだよね～。
そこで，ある栄養を摂ったら，これがスッキリと「バナナウンチ」になります。その栄養は「食物せんい」です。食物せんいがどんな食べものに入っているかというと➡ 食物せんいパネル を出す
では，あいのそのお君がたべるよ。どうなるのかな…？　あら～っ，スッキリ‼
みんなも食物せんいが入った食べものを食べて，「バナナウンチ」だそうね。

それがここでウンチになっていくの」と人体模型パネルの大腸部分をさし示す。大腸部分は紙粘土で壁を作っているため，茶色い不織布を丸めて大腸にはめていくことができる。「そのお君は，そのあとも目玉焼きを食べたり，いろいろなものを食べたりしてウンチのお部屋がパンパンになってしまいました」と大腸全体を茶色の不織布で埋めてしまう。「"便秘" や "コロコロウンチ" のときのおなかの中はこんなふうになってるんだよ」と話すと，こどもたちのほうから「苦しそう」「おなかが破ける」などの声が。

「これをバナナウンチにする食べものがあるの。知りたい？」と期待を高める質問をし，食物繊維を多く含んだ食べもののペープサートをひとつずつ見せていくと，こどもたちのほうから「おいもや！」「豆」「きのこ」「ごぼう」「わかめ」と自分たちで声を出して確認する姿が見られる。「みんなは "食物繊維" って言葉を聞いたことある？」と尋ねると，年長児は大半のこどもが「テレビで聞いたことがある」とか「知ってる」と答えてくる。年中児や年少児には「食物繊維」という言葉自体になじみがないため，上述したような具体的な食材名を伝えることにしている。

ペープサートの食材をそのお君に食べさせることで，そこに含まれている「食物繊維」がいいウンチを出す働きをすることを伝え，緑色の不織布が茶色の不織布をからめとっていく様子を示していく。最終的に，大腸からひとつずつウンチの茶紙を外していきスッキリさせていくと，なぜかこどもたちも「あ〜，よかった」と安堵した表情に。

そこで最後に「コロコロウンチパネル」の付箋をはがすと，「食物繊維が入った食べものをとろう」の文字が表れる仕組みとなっている。

いよいよ食物繊維たっぷりの給食が配膳されると「豆ごはんの豆がいいんやんな」「ごぼう，み〜つけたっ！」「家帰って，ママにも教えたるわ」など口々に会話しながら給食に臨む姿が見られた。

実践事例3　カルシウムのお話　　6月

【題材として取り上げた理由】

6月は「歯の衛生週間」があり，保健師による「歯磨き指導」や，歯科健診を受診することなどを通し，体の中の「歯」という機能やつくりに関心が高まる時期である。保育の中でも鏡で自分の口の中や歯を観察して絵を描いたり，その話題に関する絵本や紙芝居などを見たりすることも多い。関心が高まっているこの時期に，歯や骨を丈夫にし，成長期の幼児にとって必要不可欠なカルシウムについての話をすることが知識として入りやすいのではないかと考え，カルシウムに関する食育指導を行うことにした。

加えて，飽食(ほうしょく)の時代にあっても，現代の日本人の食生活で最も不足しているものがカルシウムといわれている。カルシウムが何に含まれ，どんな働きをするのかを知ることで，幼児期のみならず大人になっても意識して摂取できるようになることを願い題材として取り上げた。

【テーマ（ワンフレーズキャッチコピー）】

「カルシウムをとると骨や歯が丈夫になる」

【食育指導のタイミングと所要時間】

しらすや桜えび，牛乳などが給食の献立に上がる当日の配膳前の約10分間

【食育指導の導入と展開およびこどもの変容】

ちょうど年長組が水族館に園外保育に行ったばかりだったので，それにちなんだクイズを導入として行った。「水族館でクラゲとかタコとか見たよね。では問題です。クラゲやタコにはなくて，人間にあるものな～んだ？」さすがは年長組！　すぐに答えがわかったようで，「骨！」「骨やんな」と口々に答えていた。「人間には骨があるから，立てるし，歩けるし，走れるよね。クラゲや

タコは，人間みたいにピンと立って，歩いたり走ったりできるかな？」とジェスチャーを交えて話すと，想像してよほどおかしかったのか，全員が笑いの渦に。

「みんなの体のあちこちには骨があるんだよ」と話をし，実際に自分たちの頭や頬や指の先や膝などを触らせて骨があることや硬さを感じさせた。そこから怖がるのではないかと不安を感じつつも，恐る恐るエプロンシアターや骨格模型を見せると，意外なことに気持ち悪がることなく真剣に見入っていた。

カルシウムの働きにはいろいろあるが，細かい知識は脇に置いて「カルシウムをとると骨や歯がじょうぶになる」というワンフレーズをこどもたちに伝えることにした。すると「この間，歯磨きを教えてくれた先生が言うとった！」と答えるこどももあり，自分たちの見聞きした経験とも結び付けて考えているようだった。

最後にカルシウムを多く含む食材のイラストを載せたパネルを使って，カルシウムが牛乳やチーズ，ちりめんじゃこや小松菜などの食品に多く含まれるという話で締めくくった。むろん，そのクラスに乳をアレルゲンとするこどもや，乳糖不耐症のこどもがいる場合は，事前に担任に尋ねておき，別の言葉を添えるようにしている。

食育指導後，すぐに本日の献立「ちりめんごはん」「牛乳」などが配膳された。こどもたちがカルシウムや骨のことを感じながら給食を食べていたことはいうまでもない。いつもは牛乳が苦手でなかなか手をつけようとしなかったこどもも，「今日は，ちょっとがんばってみる」とほんのわずかの量だったが，自分から飲もうとする姿が見られた。他の子からも「ちりめんごはん，おかわりしたから骨が硬くなった気がする」「牛乳たくさん飲んだから背が高くなった気がする」と即効性があるかのように話していたことを微笑ましく感じた。

後日，こどもたちに話したことが

3枚合わせの手作りエプロンシアター
1枚めくると「筋肉」，次は「骨格」，最後は「消化器官」が現れるしかけに。

96　第Ⅰ部　「保育者」と「栄養士・給食調理員」と「家庭（保護者）」をつなぐ

保護者にも伝わり，食育指導が家庭へも波及していくことを実感した。

食育指導　実践事例4　お箸の話　これができれば"おとな持ち" ……… 4月～

【題材として取り上げた理由】

　2013年，ユネスコ無形文化遺産[*24]にも登録された和食。本園の給食においても和食を中心に献立を立案している。この和食を食べる基本は箸である。

　しかし，こどもたちの食事の様子を見ていると，箸がうまく扱えないために，途中で疲れて遊び食べになったり，食べこぼしが多かったりする姿が見受けられていた。また，保護者から，自分自身の箸の持ち方が悪く，家庭で箸指導ができないので園で教えてほしいと言われることもあった。

　箸が正しく持てることや，箸使いや和食のマナーを知ることは，自分のためだけでなく，会食するとき心地よく食事が楽しめるという相手のためでもある。

　一方で，スプーンや箸の持ち方は，鉛筆の持ち方にも通ずることが多い。就学後に鉛筆が正しく持てず，長時間書くことに疲れを感じ，勉強嫌いの一因になっているともいわれている。

　上記のことを考え併せ，それぞれの学年の発達や状況を見ながら，クラスごとに箸や食事のマナーについての食育指導を行うことにした。

【テーマ（ワンフレーズキャッチコピー）】

　「これができるとおとな持ち！」（年長・年中組）

【食育指導のタイミングと所要時間】

　配膳前だけでなくクラスの保育の流れに応じて随時行う。所要時間約15分

【食育指導の導入と展開およびこどもの変容】

　「今日はみんなにお箸の"カッコいい"持ち方のお話に来ました」とあえてこどもたちの前では"正しい"という言葉を用いず"カッコいい"という言葉に置

＊24　ユネスコ無形文化遺産：和食は2015年，ユネスコの無形文化遺産に登録された。その特徴として「多様で新鮮な食材とその持ち味の尊重」「健康的な食生活を支える栄養バランス」「自然の美しさや季節の移ろいの表現」「正月などの年中行事との密接な関わり」の4つがあげられている。

第4章 食育という観点から見直した給食と食育指導の実践事例　　97

「お箸の練習」手作り大型模型

き換えて導入に入ることにしている。なぜならば「正しい」という言葉の反対は「間違った」持ち方となってしまい，こどもたちに劣等感や嫌悪感を与えかねないからである。

　ここでいきなり手作りの大型模型をこどもたちの前に持ってくると，「うわー，でっかい！」「お箸大きい！」と興味津々。「このお箸の持ち方見て，何か気付いたことあるかな？」と投げかけると，「はい！はい！」と勢いよく手があがる。

　こどもたちが思い思いに答えていくなか，「お兄さん指がお箸とお箸の間にある」ということに注目した発言があったとき，すかさず「よく気が付いたね〜。これが"カッコいいおとなの持ち方"なんだよ」と中指に焦点化を促す。

　「じゃあ，みんなもやってみる？　指で"鉄砲バーン"してみて」と，まずは箸1本だけを使い，親指と人差し指で持たせてみる。「これで，上下，うえしたってお箸の体操してみよう」と声かけに合わせ，箸を上下させてみる。練習を繰り返すうちに自然と中指が付いてきて，鉛筆持ちと同じ3本の指で持つと上下運動しやすいことに気付き，こつをつかんでいく。

　これができるようになってから，次の段階に移る。それは，もう1本の箸を中指の下から通して持つことである。「あっ，あの大きな手とおんなじになった！」と大型模型の持ち方と同じ持ち方になったことに驚きと喜びが伝わってくる。「そう！　これができたら"おとな持ち"なんだよ。カッコいいね〜」と

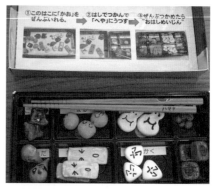

「お箸の練習」手作りゲーム2種と
実際に遊んでいるこどもの様子

認める言葉をかけると，われもわれもとがんばる姿に変わっていく。

　ここからが，やや難しい段階に入る。中指を間に挟んだ2本の箸先をカチカチと合わせて音を出す練習をするのだが，すぐにできる子とそうでない子に分かれていく。「今できなくても，がんばってたら必ずできるようになるからね」と伝え，ここにはあまり時間を割かないようにしている。

　これから先は，遊びの時間などで，切ったスポンジを箸で掴んで移すゲームや，紙粘土で作った手作りの教材ゲームで遊びながら手先の感覚を覚えていくように，楽しく行えるように工夫を凝らしている。

　その後，こどもたちが嫌にならない程度に配慮し，箸や和食のマナーなども

第4章　食育という観点から見直した給食と食育指導の実践事例

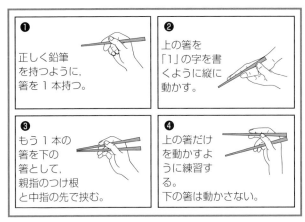

❶ 正しく鉛筆を持つように、箸を1本持つ。
❷ 上の箸を「1」の字を書くように縦に動かす。
❸ もう1本の箸を下の箸として、親指のつけ根と中指の先で挟む。
❹ 上の箸だけを動かすように練習する。下の箸は動かさない。

図Ⅰ-11　箸の持ち方の練習

パネルや実際の箸やお椀等を使ってわかりやすく示していく。特に箸と反対の手で皿やお椀を持って食べることの大切さを伝えるようにしている。そうすることで、食材と口の距離が近くなり、食べることに対し疲れにくくなることで食べる時間が短くなることや、遊び食べや食べこぼしの減少につながっていくことを願っている。

「お箸の話」をした後の給食では、「"おとな持ち"できてるよ」と担任に自慢げに見せる姿や、努力しようとする姿が見られた。

これらのことは、家庭での取組みにも活かせるよう、学級懇談会や保

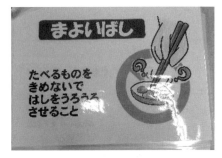

2歳児クラスの箸を使った遊び

護者対象の食育セミナー等も通じて話す機会をもつように心がけている。

以上のように，年長・年中児には中指に焦点を当てた「おとな持ち」を伝えるが，2歳児・年少児には，スプーンの持ち方や箸に慣れること，両方の箸をとりあえず親指と人差し指で持つことなどを学年に合わせて伝えるようにしている。

2歳児の給食の様子

2歳児でも遊びや食事の中で箸になじむことは十分可能と考えている。

実践事例5　本日の給食のミニ栄養コメント　毎日の朝礼時

どの園でも，毎朝の朝礼で伝達事項や配慮事項を確認し合って保育が行われていることと思われる。本園の朝礼ではプラスワン，特徴的なことが行われている。それは，担当保育者からの本日の給食の献立が発表され，その給食に含まれるミニ栄養コメントを伝えていることである。

例えば「今日の給食は，ごはん，鶏レバーのコトコトしょうが煮，○○，○○です。レバーには，血を造る働きがあります」「今日は，ふきごはんが出ます。年長組さんががんばってすじ取りのお手伝いしたことをお話してください」「今日は，畑のお肉カレーが出ます。畑のお肉は大豆というお豆で，みんなの筋肉をつくる働きがあることをお話してください」など，保育者が知っている知識や，インターネットなどで調べてきたことを簡単に話すことにしている。これらを行うことにより，各担任が本日の給食の献立を意識し，こどもたちに伝えたい給食に含まれる栄養や内容を共有することにも役立っている。

こうした簡単な栄養やことがらを，毎日の給食時に担任からこどもたちに伝え，積み重ねることで，本園の目指す「からだとこころとあたまによいものを自分で選んで自分で食べる力」を培うことの一助としている。

上述した実践事例1～5以外にもパネルシアター・エプロンシアター・ペー

プサート・大型模型・かるた・ゲーム・パネル・マジックテープパネルなど手作り教材を作成し，年間食育計画に基づいて食育指導を行っている。以下，写真だけではあるが何例か紹介することにする。

パネルシアター（三大栄養素）

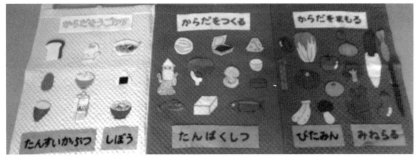

マジックテープパネル（三大栄養素）

食育かるた

4つのお皿パネル

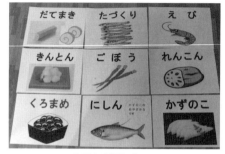
おせち料理パネル
裏におせち料理に込められた
願いが解説してある

紙粘土で作った大型おせち料理

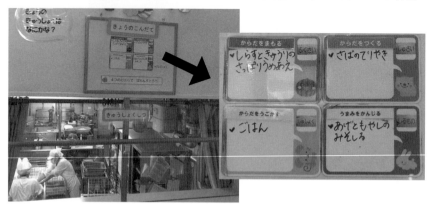
「お〜い給食のおばちゃん窓」の上に掲示している献立パネル（4つのお皿）

参考文献

- 川端晶子・畑明美，Ｎブックス調理学，建帛社，2010
- 池田小夜子他，栄養教育論，第一出版，2011
- 国民衛生の動向2010／2011，厚生統計協会，2010
- 中山玲子・小切間美保編，給食経営管理理論第２版，化学同人，2011
- 学校給食法並びに同法施行令等の施行について，文部科学省，1954
- 日本人の食事摂取基準（2015年版），厚生労働省，2014

（本園の給食・食育の取組みが掲載されている書籍等）

- 食育活動実践事例集　文部科学大臣賞，メイト，2014
- こどもの栄養5月号，一般財団法人こども未来財団，2014
- いただきますごちそうさま夏号，メイト，2014
- ひょうごエコっこ育成事業実践事例集，兵庫県農政環境部環境創造局環境政策課，2014
- 食育ガイド＆おたよりデータ集，ナツメ社，2015
- いただきますごちそうさま秋号，メイト，2015
- 第64回読売教育賞　幼児教育・保育部門最優秀賞，2015
- 発達に合わせた保育の環境づくりアイデアBOOK，ナツメ社，2016
- 保育ナビ12月号，フレーベル館，2016
- 日本学術会議主催学術フォーラム「乳児を科学的にみる：発達実践政策学の始動　子どもの食育を促す環境作り」，Cedep，2016
- できることからはじめよう幼児期の環境学習アドバイスブック，兵庫県農政環境部環境創造局環境政策課，2017
- 記入に役立つ！5歳児の指導計画，ナツメ社，2018

第I部 「保育者」と「栄養士・給食調理員」と「家庭（保護者）」をつなぐ

第5章 食育という観点から見直した家庭（保護者）との連携の実践事例

① 保護者がこどもの「給食」の様子を知る機会を設ける試み 〜給食参加保育・給食参観・給食試食会・親子給食・給食バイキング〜

　本園では毎年保護者を対象として2歳児クラスは「給食参加保育」、年少組は「給食参観・給食試食会」、年中組は「親子給食」、年長組は卒園前思い出づくりも兼ねて親子で「給食バイキング」を行っている。

　以前は、保護者が幼稚園で我が子が給食をどのように食べているのか目にする機会がほとんどなかった。これらの行事を行おうと思った契機は、保護者が参加することを通して、我が子だけではなく現在のこどもたちの「食」の様子を知る機会となることを願ったからである。こどもたちの給食の様子や食育指導等の情報は、「給食だより」「食育だより」や学級懇談会などを通じて発信しているが、文章や口頭で伝えることと、

2歳児　給食参加保育

年中児　親子給食

第5章　食育という観点から見直した家庭（保護者）との連携の実践事例　*105*

実際に自分の目で見て得る情報とは量も質も雲泥の差があると思われる。

　我が子や他の子の食べる様子をきっかけとして課題を見つけたり，安心感につながったりすることも多い。また，改まった学級懇談会の雰囲気と違い，保護者同士が少人数で給食を喫食しながらであると，打ち解けて話がしやすいという利点もある。他の親子と共食することを通して，食の悩みを共有し合い，各家庭における工夫などを聞き合える場ともなっている。

　また，そうした機会には，担任が各テーブルを回りながら，園での様子を伝えたり，家庭での様子を気軽に尋ねたりすることも行いやすい。そこで，園と家庭との「食」を通じた情報の交換を行い，それぞれが実践している方法などを活かしていく場としても活用している。

　2017年度からは，年1回5月だけ行っていた年少組の給食参観，および2歳児の給食を含めた参加保育を2学期の11月にも行うことにした。なぜならば，半年間給食を経験してこどもの食に関する成長した姿と課題を保護者に直に感じてほしかったからである。これは，筆者からの発案ではなく，担任たちからの声で始まった。入園して半年が経ち，以前はこどもが全く手を付けようとしなかった献立でも進んで食べる姿や，少しでもがんばろうと努力している姿を保護者自身が直接見ることによって，こどもへの具体的な認めの言葉をかけてもらうことができた。同時に，1日3回のうちの1回の給食だけでは改善が難しいことを訴えた。例えば，箸やスプーンの持ち方で上持ちや握り持ちしかできない場合などを含め，園だけの指導では困難であることを個別に伝え，家庭での協力を仰ぐ機会とした。

　次頁の写真は，年少組の秋の給食参観の献立が「玄米ごはん」だったので，保護者を交えて担任が食育指導を行っているシーンである。ちょうど年長組が刈り取って天日干ししていた稲を見せ，たわわに実った籾の中に一粒一粒の米があることや，米の構造を模したぬいぐるみを使って「モミっていうお洋服を脱がすと，ここに胚芽っていう栄養たっぷりのところがついているんだよ。ヌカっていうお洋服をはずすと，いつもみんなが食べている白いごはんになるんだけど，今日の玄米ごはんはね，みんなの体にいいものがギュッと詰まってい

るここの丸いところが残ってるお米なんだよ」と話をしているところである。

保護者に向けてはやや詳しく「胚芽の部分には，食物繊維やビタミンが豊富であることや，腸内環境を整えるのにも役立つ」ことなどの話を加えた。ただし，玄米が絶対的に体によいというわけではなく，農薬を多用している稲には玄米の部分に残留農薬が残りやすいことや，園で扱っている米は提携農家で，残留農薬や放射性物質検査をクリアしている米なので，安心して食べられることなども付け加えた。

年少児　食育指導「玄米の話」

② 保護者の食に関する悩みを共有し，改善につなげる試み

（1）保護者対象食育カウンセリング

どの園でも担任と保護者との個人懇談は行われていると思われる。個人懇談は，園と家庭との双方のこどもの様子を伝え合うことで，以後の保育や子育てに活かしていく機会ととらえている。本園でも個人懇談の際，こどもの給食時の様子なども伝え，家庭からも食事の様子等をうかがうことはあった。

しかし，担任だけでは対応が難しいこともでてきた。例えば「料理が苦手なので，調理の仕方を教えてほしい」「家では決まったものしか食べないので，給食で栄養をとらせてもらっている」「こどもにどうやって野菜を食べさせたらよいのかわからない」「食欲旺盛で肥満が心配なので，制限するにはどうしたらよいか」などである。特に偏食・少食に関する悩みが多く，幼稚園専属の

臨床心理士によるキンダーカウンセリングとは別に，2名の栄養士が「食育カウンセリング」と称して，"こどもの食についての悩み"に個別に応じることから始めていった。

　相談は担任を通じてあるいは直接申し込みがあり，随時受け付けている。相談してすぐに解決に結び付くことは多くはないので，時折，相談された保護者に声をかけて，その後の様子を尋ねるように努めている。個別の対応となるため守秘義務はあるが，必要と思われる際は保護者の許可を取ったうえで担任に伝達を図り，担任を交えて給食でどのように関わっていくか，保護者の思いを汲み取りながら援助の方向性を共に考えるようにしている。また家庭で行れている工夫があれば参考にし，そのことをクラスで取り入れこともある。

〈食育カウンセリング　事例1〉　　5歳児女児の母親からの相談

　あるとき，家庭で魚の骨がのどに刺さって以来，恐怖感から全く固形物を嚥下することができず，飲料しか口にできなくなったという相談を受けたことがあった。

　そこで，給食で離乳食のように流動食からきざみ食へと段階を踏んで移行してみようという方向性で関わることにした。本児は他の園児と別のものを食べるということに対し抵抗があるように感じられたので，その気持ちに寄り添って職員室で個別に関わりながら進めていった。まずは，骨が刺さって痛かったことや，飲み込むことへの恐怖を受け止めるようにした。そして，給食室で特別に柔らかく煮込んだり，刻んでもらった食べものを少しでも口にすることができたときに認めていくようにした。

　すると，数日後には食べものを飲み込む怖さが薄らぎ，普通食が食べられるようになっていった。

〈食育カウンセリング　事例2〉　　4歳児男児の母親からの相談

　こどもが野菜嫌いで，家では全く手をつけようとせず，その子の父親も同様に野菜を食べないので困っているという相談を受けた。

　まずは家庭での状況や関わりの様子をじっくりと具体的にうかがい，困難な中にも努力されている母親の苦労をねぎらった。大人（父親）を変えることは長

年の習慣もあり，一朝一夕には難しいと思われる。しかし，こどもは経験不足からくる，いわゆる「食わず嫌い」であることや，色や形の見た目，口触り，においなどに抵抗感をもつことが多い（p.140, Q9参照）。そのため，何らかのきっかけがあれば食べられるようになることも少なくない。

　そこで，次のような質問をしてみた。「給食にほとんど手を付けずに帰ったとき，家でこどもの好きなおやつや代用食を与えていませんか？」と。この問いに対して，おなかがすいてかわいそうだからポテトやお菓子を買って帰ったりしていたとのことだった。こどもの側からすると，この対応は給食を無理に食べなくても，少しがまんして家に帰ると好きなものがたっぷりと食べられるということになる。そこで，こどもとの根競べになることは明白だったが，それをやめてもらうことを勧めた。

　次に，野菜との距離を縮める工夫のひとつとして，料理本やスマートフォンなどから作ってみたい食べてみたい献立を選ばせて，その材料を一緒にスーパーに買いに行き，食材もこどもに選ばせ，調理も一緒に行うことなどを提案してみた。初めは野菜の入っていないレシピであっても構わない。そのうち野菜が加わればよいと考えた。時間も手間もかかることだが，こうした経験の積み重ねでこどもがよい方向に変わっていくことを願いカウンセリングを終えた。

　しばらく経ってから，その後の様子を尋ねてみた。すると，こどもだけでなく，こどもが作ったものだからと父親も苦手なものを一口でも食べるよう努力するようになってきたと話してくださった。そして，卒園するころには量は少ないがほとんどの給食が食べられるように変容していった。

（2）食育セミナー

　「食育カウンセリング」では個別の問題に対応していったが，幅広く保護者の食支援を行うことを目的として「食育セミナー」を開催している。

　テーマは，保護者の抱えている悩みと，家庭でも行ってほしいこと，そしてこんなこどもになってほしいという願いを重ね合わせて設定している。一例をあげると，「野菜嫌いがなおるかも!?　簡単お野菜クッキング」「こどもへの箸指導と女子力アップのためのマナー講座」「火を使わずにできる親子クッキング」「食育バラエティー講座〜ワンランク上の味に変身！　お財布にやさしい

食育クイズ&こんな手間がいらないの？　下ごしらえの常識が変わる食育クイズ」などである。

　開催する際には，保護者が関心をもって受講してくれそうなお誘いのタイトルや内容に腐心している。また，食育セミナーを行うにあたって以下の点を心がけている。

【食育セミナーを開催するにあたっての配慮事項】

- 専門的な難しい栄養の話はできるだけ行わない
- 聞いてすぐに実行に移せるような手軽にできるもの
- 気軽に笑いを交えて聞けるような内容の組み立て
- 受講のお土産（みやげ）になるような資料作りとわかりやすい説明（パワーポイントの活用やデモンストレーション）
- 講話だけで終わらず，最後に簡単レシピの紹介と試食を行う

　参加者は20名〜60名とばらつきはあるが，食育クッキングセミナーの人気は高い。クッキングスタジオのような施設のない幼稚園などでは，材料を下ごしらえした状態のものを準備しておき，デモンストレーションで作り方を実際に示し，その後の成形等を保護者に実践してもらう。焼く・蒸す・揚げるなどの加熱作業は，その場でできる場合は電磁調理器やホットプレート等を使って行うこともあるが，食数が多い場合は対応が難しいので，給食室のフライヤーやスチームコンベクションオーブンで調理することが多い。その後，できあがったものを

試食しながら、そのセミナーで同じテーブルになった保護者同士でこどもの食に関する悩みなどを共有し合ったり、情報を交換し合う機会としている。と同時に、保護者の生の声や家庭での工夫を園でも取り入れるよう心がけている。

クッキングセミナーの後で、「今まで野菜が嫌いで食べなかった子が教えてもらった言葉がけや方法をためしたら食べてくれました！」と報告に来られることもあった。

昨今、インターネット等で簡単に調べたいことやほしい情報が入手で

きる時代ではあるが、であるからこそ、わざわざ園に足を運んで直接会話を交わすことの意義が大きいと感じている。

一方で、自分で調理体験するクッキングセミナー以外の箸指導やマナー講座などでも、できるだけ具体的に保護者が実践できるようにしたり、実演したりしている。

このように食育セミナーを行うことを通じて、「啓蒙」というにはおこがましいが、「食育だより」や「給食だより」などの配布物だけでは伝わらない、実際に園で行っている食育や保育の取組みを伝えるよい機会ととらえている。

〈食育セミナーを受講した無記名による保護者の感想（一部抜粋）〉
- 食育セミナーは本当に役に立つ情報を園長先生がわかりやすくお話してくださり、いくつもためしてみました。
- 食育セミナーは、普段の生活に取り入れられてよかったです。
- 食育セミナーは思った以上に勉強になり、受けてよかったです。

家庭（保護者）との連携のその他の試み

（1）「愛の園まつり」で親子ふれあい時間を設定する

本園では，毎年10月末の日曜日に在園生・卒園生・地域の方に向けて「愛の園まつり」を開催し，2017年で第30回を数えるようになった。内容は，たこ焼き・焼きそば・フランクフルト・綿菓子・パンケーキなどの食品店舗とスーパーボールすく

い・くじ引き・宝釣りなどのゲーム店舗があり，保護者がその模擬店の運営を1クラス1店舗担当するのである。

まつりの目的は収益を上げることではなく，クラスの保護者同士で和気あいあいと店を切り盛りするなかで親睦が生まれることを期待している。と同時に，母親や父親が一生懸命協力して調理している姿をこどもたちにも感じてほしいと，3年前から「親子ふれあい時間」という枠組みを設けることにした。鉄板を扱う店舗は年長組の保護者が担当することになっている。それらの試作日に合わせてこどもたちが自分たちの保護者の店舗を訪れるのである。担任が具体的に保護者の方がどのような作業をしているのか解説したり，どのような苦労があるかなどインタビューしたり，こどもたちからの質問を受けたりする。その後，できあがった食品をこどもも大人も試食し，味を確認し，感想を聞き，次の本番へとつなげていくのである。こどもたちは，自分や友だちの保護者が懸命に働く姿を見ることで，これまでは買って食べるだけだったまつりの食品が感謝の気持ちとともに数倍もおいしく感じられたに違いない。こどもたちから「ママががんばってたから，おいしかった」「たこ焼き焼いているとき，熱かったから（親がやけどしないか）心配やった」など，保護者に対し思いをはせる言葉が聞かれたことからも想像にかたくないと思われた。

（2）入園前の保護者説明会でこどもの食・給食について話をする

　本園の給食では，おそらく今まで家庭で口にしたことのない食材が献立として上がってくる。新ごぼう・新しょうが・うど・ゴーヤ・つるむらさき・モロヘイヤ・とうがん…見慣れない食材・聞き覚えのない食材にこどもが拒否感をもつことも十分予想される。ひじきや切干し大根なども調理しない家庭も少なくないかもしれない。そこで，新年度から入園される保護者に対して，12月の入園前説明会の機会に「お惣菜を買ってでもいいので，是非いろいろな献立や味を経験させてほしい」と依頼している。家庭で一から作ることを強要すると抵抗が大きいが，でき合いのお惣菜でも構わないということを伝えることで取り組みやすくなったようである。

　こうしたことを伝えるようになってからは，給食で提供されても，少しずつ「お家で食べたことがある」というこどもが増えてきたように感じる。家庭でもこどもの好きな献立ばかりでなく，プラス1品によって，いろいろな味に慣れていくきっかけにもつながっていると思われる。

（3）こどもたちの経験を「可視化」し，保護者に伝える

　園でこどもたちが経験したことのすべてがこどもの口から保護者に伝わることはまずありえないことであろう。どちらかといえば，園で行われている教育・保育や食育などを含めた取組みのほとんどはブラックボックスであり，こどもから口頭で伝わることはほんの一部と思われる。

　園と保護者とをつなげるためには，このブラックボックスを可視化することが重要な役割を果たすと考える。そのひとつの方法として，ドキュメンテーションの活用があげられる。本来の幼児教育のドキュメンテーションは，イタリアのレッジョ・エミリアを発祥とする。それは，レッジョ・エミリアで行われているアートを中心としたカリキュラム活動を継続的に記録し，可視化しながら，教師・保護者・地域が共有することで協働し，次のステップを目指したものとなっている。

　本園においても，機会をとらえて，言葉や文字だけでは伝わりにくい活動の

内容や過程を，写真を織り交ぜながらできるだけ具体的にこどもたちの様子や発語，心の動きなどを時系列で発信している。そこでは，どのようなことを保育者が願いながら行っているのか，教育・保育の意味や目に見えにくいこどもの育ちなどを伝えるようにしている。

　その他にもポートフォリオやブログ，ホームページなども活用している。ホームページでは，写真だけでなく動画も取り入れている。ブログは即時性を心がけ，こどもとの会話のきっかけづくりに役立ててほしいと願っている。就労されているある保護者から，「会社で昼休みにスマホでブログを開いて見てるんですよ。帰宅したときに『今日こんなんやってて楽しそうやったね』って言うと，『何で知ってんの？』とビックリした顔してました」と嬉しそうに話されることもある。こうした反応や相互作用があるのも，すぐに更新可能なブログの利点であり，これらが保育者と保護者の連携の一翼を担うツールとなっていると感じる。

参考文献

• 池上公介，学力は「食育」でつくられる，幻冬舎，2015
• 友定啓子 ・ 青木久子，幼児教育知の探究16領域研究の現在〈人間関係〉，萌文書林，2017
• 坂本元子編著，栄養指導・栄養教育，第一出版，2006
• 鬼塚和典 ・ 北野幸子ら，保育ドキュメンテーションを媒体とした保育所保育と家庭の子育てとの連携・協働に関する研究，保育科学研究第7巻，2016
• 白石淑江 ・ 水野恵子，スウェーデン保育の今 テーマ活動とドキュメンテーション，かもがわ出版，2013
• 森眞理，ポートフォリオ入門，小学館，2016
• 森眞理，レッジョ・エミリアからのおくりもの，フレーベル館，2013

第Ⅱ部 重なり合う「食の課題」と「保育の課題」を探る

第1章 偏食に関わるこどもの性格・行動傾向の実態を知る

① 保育者間の話し合いで見出された食の課題と保育の課題の共通項

　本園では，行事の節目や学期末毎にこどもの育ちや保育について保育者間で振り返りを行っている。その中で，PDCAサイクルを念頭において，現状のこどもたちの姿や課題を明らかにして整理し，今後の保育でどのようにすれば改善していくのか行動計画を立て，実践の再構築を繰り返し，保育力を高めていくことにつなげている。

　ある話し合いの際，食に限定をした内容で討議を行ったわけではなかったのだが，食に課題を抱えているこどもは，生活面や活動面においても意欲的でなかったり，友だちとの関係づくりがうまくいかなかったりするという保育における課題もあるのではないかという共通点が見出された。特に焦点化されたことは，偏食があるこどもは単に食べものの好き嫌いの問題だけにとどまらず，その子の人間関係や活動に対しても"好き嫌い"が関係していると感じられたことである。すなわち，偏食は「嫌いな食べもの」という「もの」に限らず，関わるべき「ひと」や，するべき「こと」にも波及しかねない潜在的な問題を含んでいるのではないかという意見に達した。

　多くの保育者がその考えに共感するところがあり，単なる経験則ではなく，実際にどのような傾向があるのか実態を知ることが，これから先のこどもたちの育ちを支えていくためにも必要であると痛感した。

偏食があるこどもと偏食がないこどもの
性格・行動傾向調査および結果

（１）極端に偏食があるこどもを対象とした予備調査の結果と考察

　保育者間の話し合いで見出された食と保育の課題の共通項として，極端に偏食があるこどもは単に食べものの好き嫌いの問題だけにとどまらず，その子の人間関係や活動に対しても"好き嫌い"が波及しているのではないかということがあげられた。

　それらのことを確認するために，2015年度に予備調査を実施した。調査項目は「①保育者が想起する極端に偏食があるこどもの年齢および性別の特徴」「②偏食と協調性」「③偏食と根気」「④偏食とリーダーシップ」「⑤偏食と人間関係の取り方」「⑥偏食と友だちの数」「⑦偏食とトラブル」「⑧偏食と人の話の受け止め方」「⑨偏食と対応の柔軟性」「⑩偏食と几帳面さ」「⑪偏食と新しい活動に対する取組み方」等について行った（具体的内容は2015年第64回読売教育賞幼児教育・保育部門最優秀賞を参照のこと：インターネットで検索可）。

　その結果，⑦⑧⑩に関しては明確な傾向が得られなかったが，それ以外の項目では，極端に偏食があるこどもには性格や行動にいくつかの特徴的な傾向がみられた。むろん，こどもの性格や行動傾向は生得的要因や後天的要因・環境要因などが複雑に絡み合って全体像をなしているため断言することはできないが，少なからず食べものの好き嫌いが影響していることが考えられた。そこで，こどもたちが自ら進んでいろいろな食材（もの）を食べていけるようになることで人間関係（ひと）や活動（こと）に積極的に関わることができるのではないかという仮説を立て実践研究に取り組むことにした。

（２）極端に偏食があるこどもと偏食がないこどもを対象とした本調査の結果と考察

　予備調査の結果を受け，新たに調査項目を精査し，さらに偏食があるこどもだけでなく，偏食がないこどもとの比較調査を行うことで，偏食に関わるこ

もの性格や行動傾向がつまびらかになるのではないかと考え，以下の本調査を
実施することにした。

　本調査は，2015年第64回読売教育賞幼児教育・保育部門最優秀賞の内容，
および2016年3月に行われた日本学術会議主催学術フォーラム「乳児を科学的
に観る：発達保育実践政策学の始動　子どもの食育を促す環境作り」における
話題提供内容に加筆・修正を行ったものである。

1 ）研究方法

a ）対象

　　兵庫県尼崎市の私立の認定こども園　武庫愛の園幼稚園の保育者42名，
　姉妹園　立花愛の園幼稚園の保育者32名，計74名

b ）期間

　　2016年7月4日〜7月27日

c ）調査方法

　　無記名の質問紙法で行う。アンケートを作成するにあたり，予備調査
　の項目を精査し，偏食との相関がみられにくかった項目は除外した。ま
　た新たに，生活の中で偏食と相関があるのではないかと考えられる特徴
　的な傾向を職員間の話し合いの中で出し合い，12項目にまとめた。

　　はじめは「どちらともいえない」という項目を除き，4件法でアンケー
　トを作成していたが，実際にはどちらの傾向が強いか判定しがたく記入
　しにくいという保育者の声を反映し，5件法で実施することに改訂し実
　施した。

d ）実施方法

　　今まで関わってきたこどもの中から，極端に偏食があるこどもと偏食
　がほとんどないこどもを想起したうえで，それらのこどもの性格や行動
　傾向について，保護者に記入を依頼した。

　　偏食という定義については，「食物アレルギーがある場合や，発達障
　害等に伴う感覚過敏による極端な偏食がある場合を除いた，一般的にい
　われる食べものの好き嫌い」を調査対象とすることを保育者に伝えたう

えで回答するように依頼した。保育者の経験年数によって対象児が多く想起される場合には複数回答可とした。

e）保育者から想起された調査対象数

〈極端に偏食があるこどもの数〉

3歳児（男34名・女19名），4歳児（男16名・女11名），5歳児（男16名・女9名）計105名（男66名・女39名）

〈偏食がないこどもの数〉

3歳児（男24名・女24名），4歳児（男15名・女15名），5歳児（男21名・女9名）計108名（男60名・女48名）

f）分析方法

本来であるならば統計的に分析し，解析をかけて関係係数や有意差を検証すべきであろうが，この研究では母数が少ないことを考慮して，全体的な傾向をみることにより，保育現場でとらえられている偏食があるこどもの特性を考えてみることにした。

1）結果と考察

a）保育者が想起する極端に偏食があるこどもと偏食がないこどもの年齢および性別の特徴

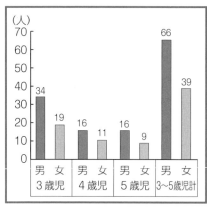

図Ⅱ-1　保育者が想起する極端に偏食があるこどもの年齢・性

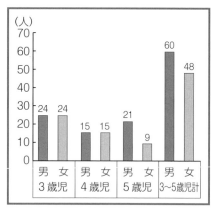

図Ⅱ-2　保育者が想起する偏食がないこどもの年齢・性

第1章 偏食に関わるこどもの性格・行動傾向の実態を知る　119

　図Ⅱ-1より，極端に偏食があるこどもの場合，男女ともに学年が上がるにつれて減少していく傾向にあるといえる。これは，幼稚園において家庭との食生活の違いから3歳児は特に給食に対する抵抗感が大きいが，経験を重ねることによって給食に慣れていき，食べられる食材や献立が増えていくことによるものと考えられる。またすべての年齢において女児よりも男児に偏食が多くみられた。

　図Ⅱ-2より，偏食がないこどもの場合，学年や性による顕著（けんちょ）な差はみられなかった。換言すると，どの学年とも男女問わず一定数の偏食がないこどもが存在するといえる。

b）偏食と協調性について

　図Ⅱ-3より，偏食があるこどもの場合，男女ともに「大変」「やや」を含めて非協調的なこどもが，男児は51.6％，女児は46.1％で，協調的な男児15.1％，女児28.2％を大きく上回った。

　職員間の話し合いの中で，偏食があるこどもは，自己中心的な傾向が

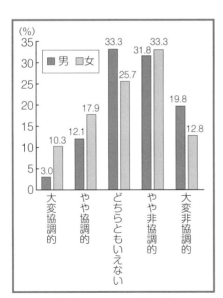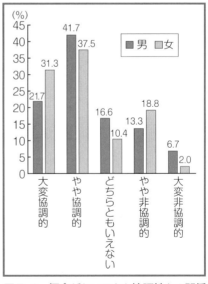

図Ⅱ-3　偏食があることと協調性との関係　　図Ⅱ-4　偏食がないことと協調性との関係

みられるという声が上がったことを裏付ける数値であると読み取れる。

図Ⅱ-4より，偏食がないこどもの場合，男女ともに「大変」「やや」を含めて協調的なこどもが，男児は63.4％，女児は68.8％で，非協調的な男児20.0％，女児20.8％を大きく上回った。

これらのことから，偏食があることと協調性の低さとの間，および偏食がないことと協調性の高さとの間には，何らかの相関関係があるのではないかと推察される。

c) 偏食と根気について

図Ⅱ-5より，偏食があるこどもの場合，男女ともに「大変」「やや」を含めて諦めやすいこどもが，男児は69.7％，女児は59.0％で，粘り強い男児3.0％，女児20.4％を大きく上回った。これは，苦手なものが献立に上がったときに，挑戦せずに食べることを諦めてしまうことにつながっているとも考えられる。特に，男児においてその傾向が強いことが

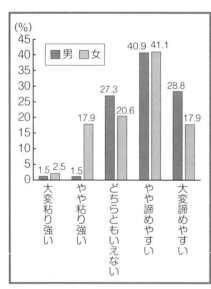

図Ⅱ-5　偏食があることと粘り強さとの関係

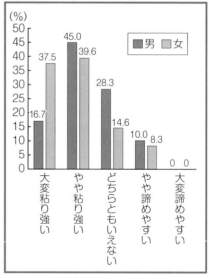

図Ⅱ-6　偏食がないことと粘り強さとの関係

うかがえる。

図Ⅱ-6より，偏食がないこどもの場合，男女ともに「大変」「やや」を含めて粘り強いこどもが，男児は61.7％，女児は77.1％で，諦めやすい男児10.0％，女児8.3％を大きく上回った。

これらのことから，偏食があることと諦めやすさとの間，および偏食がないことと粘り強さとの間には，何らかの相関関係があるのではないかと推察される。

d）偏食とリーダーシップについて

図Ⅱ-7より，偏食があるこどもの場合，男女ともに「大変」「やや」を含めてフォロワー的なこどもが，男児は75.8％，女児は69.3％で，リーダー的な男児7.5％，女児10.2％を大きく上回った。

後述するが，フォロワー的であるということは，人間関係や新しい活動に対して積極的でない傾向があることのひとつの表れであると考えられる。

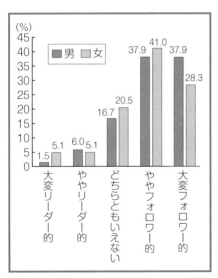

図Ⅱ-7 偏食があることとリーダー性との関係

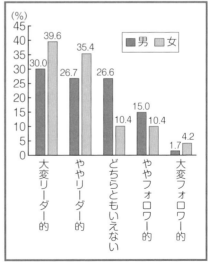

図Ⅱ-8 偏食がないこととリーダー性との関係

図Ⅱ-8より，偏食がないこどもの場合，男女ともに「大変」「やや」を含めてリーダー的なこどもが，男児は56.7％，女児は75.0％で，フォロワー的な男児16.7％，女児14.6％を大きく上回った。

これらのことから，偏食があることとフォロワー的な傾向があること，および偏食がないこととリーダー的な傾向があることとの間には，何らかの相関関係があるのではないかと推察される。

e）偏食と人間関係の取り方について

図Ⅱ-9より，偏食があるこどもの場合，男女ともに「大変」「やや」を含めて人間関係に対し消極的なこどもが，男児は48.6％，女児は38.5％で，積極的な男児28.7％，女児25.6％を上回った。

人間関係に積極的になれないことから，他児の後についていくようなフォロワー的な行動傾向になってしまうのではないかと考える。

図Ⅱ-10より，偏食がないこどもの場合，男女ともに「大変」「やや」を含めて人間関係に対し積極的なこどもが，男児は78.3％，女児は

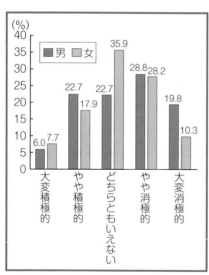

図Ⅱ-9　偏食があることと人間関係の取り方との関係

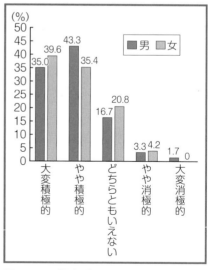

図Ⅱ-10　偏食がないことと人間関係の取り方との関係

75.0％で，消極的な男児5.0％，女児4.2％を大きく上回った。
　人間関係に積極的に関われることからも，リーダー的な行動傾向があるのではないかと考える。
f）偏食と友だちの数について
　図Ⅱ-11より，偏食があるこどもの場合，「大変」「やや」を含めて友だちの数が少ないこどもが，男児は53.0％で，友だちが多いこども16.7％を上回った。「大変」「やや」を含めて女児は友だちの数が少ない・多いともに28.2％で同率であった。また，どちらともいえない割合が男児30.3％，女児43.6％と高かった。
　図Ⅱ-12より，偏食がないこどもの場合，男女ともに「大変」「やや」を含めて友だちの数が多いこどもが，男児は71.7％，女児は87.5％で，友だちの数が少ない男児8.3％，女児6.2％を大きく上回った。
　偏食がないことと友だちの数との間に何らかの相関関係があるのではないかと推察される。前述した人間関係に対する積極性のひとつの表れ

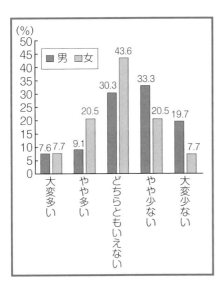

図Ⅱ-11　偏食があることと友だちの数との関係

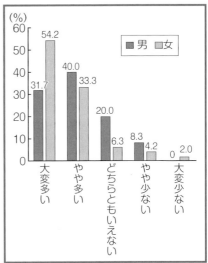

図Ⅱ-12　偏食がないことと友だちの数との関係

と考える。

g）偏食とトラブルについて

　図Ⅱ-13より，偏食があるこどもの場合，トラブルの発生数に関しては，男女差が表れた。男児は「大変」「やや」を含めてトラブルが多いこどもが42.4％で，少ないこどもの40.9％と差がほとんどみられなかった。逆に女児はトラブルの少ないこどもが56.4％で，多いこどもの23.1％を上回った。これは，偏食との相関があるというよりも，性差による違いである可能性が示唆される。

　図Ⅱ-14より，偏食がないこどもの場合，男女ともに「大変」「やや」を含めてトラブルの少ないこどもが，男児は53.3％，女児は56.2％で，トラブルの多い男児28.3％，女児18.8％を上回った。

　偏食がないこととトラブルの少なさとの間に何らかの相関関係があるのではないかと推察される。

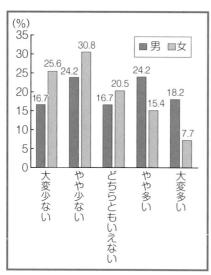

図Ⅱ-13　偏食があることとトラブルとの関係

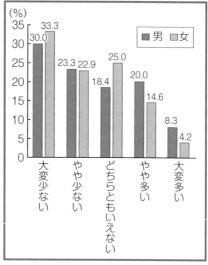

図Ⅱ-14　偏食がないこととトラブルとの関係

第1章　偏食に関わるこどもの性格・行動傾向の実態を知る　125

h）偏食と対応の柔軟性について

　図Ⅱ-15より，偏食があるこどもの場合，男女ともに「大変」「やや」を含めて融通の利かないこどもが，男児は69.8%，女児は43.6%で，柔軟な男児6.0%，女児25.6%を上回った。

　対応に柔軟性がみられないことは，図Ⅱ－3（p.119）の協調性の低さや図Ⅱ-11（p.123）の友だちの数の少なさにも影響を及ぼしていると考える。

　図Ⅱ-16より，偏食がないこどもの場合，男女ともに「大変」「やや」を含めて対応の柔軟なこどもが，男児は66.7%，女児は66.7%で，融通の利かない男児10.0%，女児10.4%を上回った。

　偏食の有無と対応の柔軟性との間には何らかの相関関係があるのではないかと推察される。

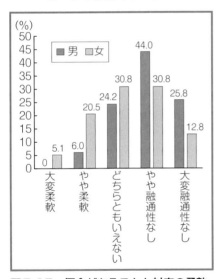

図Ⅱ-15　偏食があることと対応の柔軟性との関係

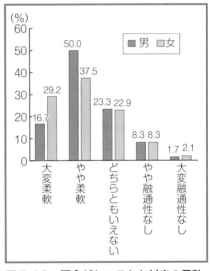

図Ⅱ-16　偏食がないことと対応の柔軟性との関係

i）偏食と同調性の高さについて

　図Ⅱ-17より，偏食があるこどもの場合，男女ともに「大変」「やや」を含めて同調性の低いこどもが，男児は39.4%，女児は41.0%で，同調

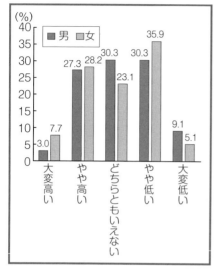

図Ⅱ-17 偏食があることと同調性との関係

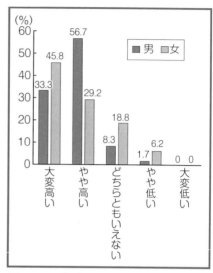

図Ⅱ-18 偏食がないことと同調性との関係

性の高い男児30.3％，女児35.9％よりも若干多かった。また，どちらともいえない割合が男児30.3％，女児23.1％と高かった。

図Ⅱ-18より，偏食がないこどもの場合，男女ともに「大変」「やや」を含めて同調性の高いこどもが，男児は90.0％，女児は75.0％で，同調性の低い男児1.7％，女児6.2％を大幅に上回った。

これにより，偏食がないことと同調性の高さとの間に相関関係が顕著であることが考えられる。

j）偏食と新しい活動に対する取組み方について

図Ⅱ-19より，偏食があるこどもの場合，男女ともに「大変」「やや」を含めて新しい活動に対し消極的なこどもが，男児は54.6％，女児は48.7％で，積極的な男児19.7％，女児30.8％を上回った。偏食があるこどもは，新しい活動に対しても積極的に取組みにくい傾向がみられたのは，図Ⅱ-3（p.119）の非協調的であったり，図Ⅱ-5（p.120）の諦めやすい傾向にあることとも連動していると考える。

第1章 偏食に関わるこどもの性格・行動傾向の実態を知る　*127*

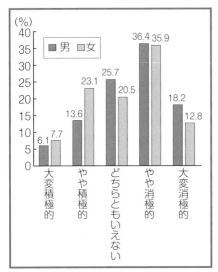

図Ⅱ-19　偏食があることと新しい活動への取組み方との関係

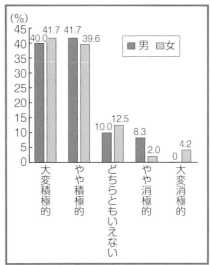

図Ⅱ-20　偏食がないことと新しい活動への取組み方との関係

　図Ⅱ-20より，偏食がないこどもの場合，男女ともに「大変」「やや」を含めて新しい活動に対し積極的なこどもが，男児は81.7％，女児は81.3％で，消極的な男児8.3％，女児6.2％を大幅に上回った。偏食がないことと新しい活動への積極的な取組み方との間には顕著な相関関係があるのではないかと推察される。

　換言すると，新しい活動に対し積極的であるということは，人間関係に対して積極的であったり，対応が柔軟であったり，リーダー性があることのひとつの表れではないかと考えられる。

k) 偏食と遊び方について

　図Ⅱ-21より，偏食があるこどもの場合，男女ともに「大変」「やや」を含めて集中して遊びに取り組めないこどもが，男児は39.4％，女児は41.0％で，集中して遊びに取り組める男児30.3％，女児35.9％よりも若干多かった。

　図Ⅱ-22より，偏食がないこどもの場合，男女ともに「大変」「やや」

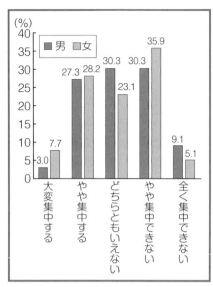
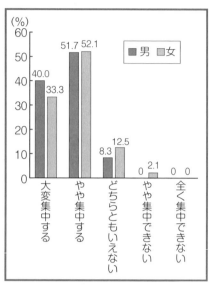

図Ⅱ-21　偏食があることと遊び方との関係　　図Ⅱ-22　偏食がないことと遊び方との関係

を含めて集中して遊びに取り組めるこどもが，男児は91.7％，女児は85.4％で，消極的な男児0％，女児2.1％を大きく上回った。

　偏食がないことと，集中して遊び込めることとの間には顕著な相関があるのではないかと推察される。

1) 偏食と食事にかかる時間について

　図Ⅱ-23より，偏食があるこどもの場合，男女ともに「大変」「やや」を含めて食事に時間がかかるこどもが，男児は86.4％，女児は92.4％で，食事に時間がかからない男児6.0％，女児2.5％よりも大幅に多かった。これは自明の結果であると考えられる。

　図Ⅱ-24より，偏食がないこどもの場合，男女ともに「大変」「やや」を含めて食事に時間がかからないこどもが，男児は81.7％，女児は79.1％で，食事に時間がかかる男児8.3％，女児10.4％よりも大きく上回った。

　興味深いのは，偏食がなくても食事に時間がかかるこどもが「大変」「やや」を含めて，上述のように男児，女児それぞれで1割近い割合で存

第1章　偏食に関わるこどもの性格・行動傾向の実態を知る　129

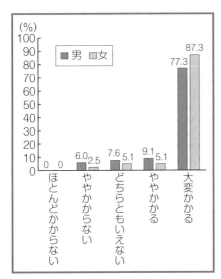

図Ⅱ-23　偏食があることと食事にかかる時間との関係

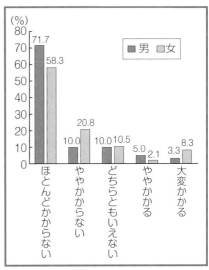

図Ⅱ-24　偏食がないことと食事にかかる時間との関係

在していたことであった。ゆっくり咀しゃくをしている場合と，友だちとの会話が楽しく，食べるのに時間を要している場合などが考えられる。

m）偏食と着替えの仕方について

　図Ⅱ-25より，偏食があるこどもの場合，男児は「大変」「やや」を含めて着替えが遅くてたたみ方が雑なこどもが54.6％，着替えが早くてたたみ方が丁寧なこども19.7％よりも多かった。女児は「大変」「やや」を含めて着替えが遅くてたたみ方が雑なこどもが30.7％で，着替えが早くてたたみ方が丁寧なこども41.1％よりも少なかった。また，どちらともいえない割合が男児25.7％，女児28.2％と合計で4割を占めた。

　これにより偏食があることと着替えの仕方との間には明確な相関関係は見出せなかった。どちらかというと性差によるバイアスが関係あると考えられる。

　図Ⅱ-26より，偏食がないこどもの場合，男女ともに「大変」「やや」を含めて着替えが早くてたたみ方が丁寧なこどもが，男児は51.6％，

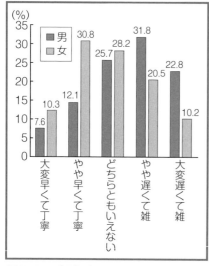
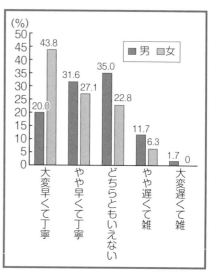

図Ⅱ-25　偏食があることと着替えの仕方との関係　　図Ⅱ-26　偏食がないことと着替えの仕方との関係

　女児は70.9％で，着替えが遅くてたたみ方が雑な男児13.4％，女児6.3％を大幅に上回った。
　これにより，偏食がないことと着替えが早くて丁寧であることとの間に相関関係が顕著であることが考えられる。

③ 考察　－調査結果からみえてきたこと－

　以上，偏食ということに視点を当てて調査を実施した結果，極端に偏食があるこどもと偏食がないこどもを比較した場合，食べものに対するその子の姿勢や関わり方が単なる嗜好の好き嫌いにとどまっていない傾向があることがみえてきた。粘り強さや対応の柔軟性・同調性・協調性・リーダー性など性格部分に関与するところと，遊び方の集中度や新しい活動に対する取組み方・人間関係の取り方・友だちの数・着替えの仕方など生活部分に関与するところにも違いが表れていた（図Ⅱ-27）。

第1章　偏食に関わるこどもの性格・行動傾向の実態を知る　*131*

　偏食があるこどもと偏食がないこどもの性格・行動傾向の違いは，性差や生活経験の差・家庭での教育方針等多くのバイアスが考えられるため，一概に結論付けることは難しいと思われる。しかし，上述した違いは少なからず食べものの好き嫌いが影響していると考えられる。食べものの好き嫌いがあるから違いが表れているのではなく，食べものに対する構えや姿勢が遊びや活動・生活などにおける人との関わりやことがらにも波及していると考えられる。

　そこで，「こどもたちが自ら進んでいろいろな食材（もの）を食べていけるようになることで人間関係（ひと）や活動（こと）に積極的に関わることができるのではないか」という仮説を立てるに至った。

　園全体としては，第Ⅰ部で述べたように食育と保育をつなぐ試みを考案し，それに沿ってさまざまな取組みを行ってきた。いわば園としての大きな枠組みやシステムを構築したともいえる。しかし，一人ひとりのこどもにとっての細やかな見取りや働きかけは保育者の力によるところが大きい。仮説を基に，園のシステムをベースとしながら，個々に応じた実践に取り組んだ研究事例は，第Ⅲ部に掲げる。

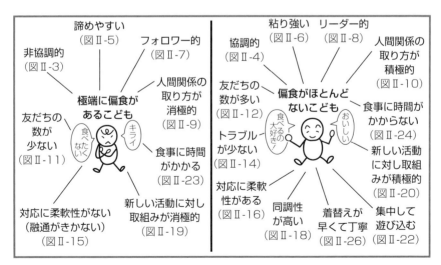

図Ⅱ-27　極端に偏食があるこどもと偏食がないこどもの性格・行動傾向の違い

第Ⅱ部 重なり合う「食の課題」と「保育の課題」を探る

第2章 偏食に関わる保護者の養育態度・意識の実態を知る

① こどもの偏食の有無による保護者の養育態度の実態を知る

（1）極端に偏食があるこどもを対象とした保護者の養育態度の予備調査の結果と考察

　第Ⅱ部第1章では，こどもの偏食に関わるこどもの性格・行動傾向の実態を知ることを目的として調査を行ったが，併せて，こどもを取り巻く家庭という環境からのアプローチの重要性も感じ，偏食があるこどもの保護者の意識を調査することにした。

　そこで，極端に偏食があるこどもの性格・行動傾向調査と並行して，それらのこどもをもつ保護者の養育態度を確認するために，サイモンズ式分類*25を参考として，支配－服従，拒否－保護の2項目について2015年度に予備調査を実施した（第64回読売教育賞幼児教育・保育部門最優秀賞を参照のこと：インターネットで検索可）。

　その結果，偏食があるこどもをもつ保護者の養育態度にはいくつかの特徴的な傾向がみられた。偏食があるこどもをもつ保護者の養育態度は，男女ともに服従的な保護者は支配的な保護者を大きく上回った。同様に，男女ともに保護的な保護者は拒否的な保護者を大きく上回った。

＊25　サイモンズ式分類：サイモンズ式分類では，こどもの性格は親のこどもに対する態度と関連性があるとし，一定の法則を導き出した。そこでは，親の教育態度を主に支配型，服従型，拒否型，保護型に分けている。

第2章　偏食に関わる保護者の養育態度・意識の実態を知る　*133*

（2）極端に偏食があるこどもと偏食がないこどもをもつ保護者の養育 態度の違い－本調査の結果と考察－

　予備調査から，偏食はこどもだけの問題にとどまらず，保護者の意識が大き く関係していることがわかった。それらの結果を受け，さらに偏食があるこど ももをもつ保護者だけでなく，偏食がないこどもをもつ保護者との比較調査を行 うことで，偏食に関わる保護者の養育態度がつまびらかになるのではないかと 考え，以下の本調査を実施することにした。

　なお，本調査は，2015年第64回読売教育賞幼児教育・保育部門最優秀賞の 内容，および2016年3月27日の日本学術会議主催フォーラム「乳児を科学的 に観る：発達保育実践政策学の始動　保育環境のあり方を問い直す」の話題提 供の内容を加筆修正したものである。

1）研究方法

　a）対象

　　　兵庫県尼崎市の私立の認定こども園　武庫愛の園幼稚園の保育者42名， 　　姉妹園　立花愛の園幼稚園の保育者32名，計74名

　b）期間

　　　2016年7月4日〜7月27日

　c）調査方法

　　　無記名の5件法の質問紙法で実施

　d）実施方法

　　　保育者に今まで関わってきたこどもの中から，極端に偏食があったこ 　　どもと偏食がほとんどないこどもを想起したうえで，それらのこどもを 　　もつ保護者の養育態度に関する記入を依頼した。

　e）保育者から想起された調査対象数

　　〈極端に偏食があるこどもをもつ保護者数〉

　　　3歳児（男34名・女19名），4歳児（男16名・女11名），5歳児（男16名・ 　　女9名）計105名（男66名・女39名）の保護者

〈偏食がないこどもをもつ保護者数〉

3歳児（男24名・女24名），4歳児（男15名・女15名），5歳児（男21名・女9名）計108名（男60名・女48名）の保護者

f）分析方法

本来であるならば統計的に分析し，解析をかけて関係係数や有意差を検証すべきであろうが，この研究では母数が少ないことを考慮して，全体的な傾向をみることにより，保育現場でとらえられている偏食があるこどもや偏食がないこどもをもつ保護者の養育態度の特徴を考えてみることにした。

2）結果と考察

a）保護者の養育態度（支配－服従）

図Ⅱ-28より，極端に偏食があるこどもをもつ保護者の養育態度は，男女ともに「大変」「やや」を含めて服従的な男児の保護者が69.6％，女児の保護者は54.0％で，支配的な男児の保護者10.6％，女児の保護者5.0％

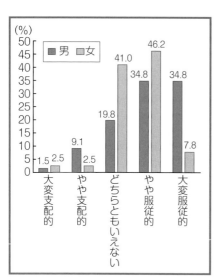

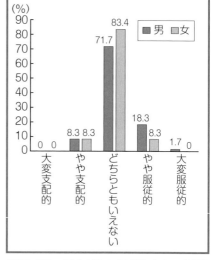

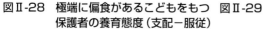

図Ⅱ-28　極端に偏食があるこどもをもつ保護者の養育態度（支配－服従）　　図Ⅱ-29　偏食がないこどもをもつ保護者の養育態度（支配－服従）

を大きく上回った。また偏食があるこどもをもつ男児の保護者が女児の保護者に比べ大変服従的な養育態度の割合が高かった。

図Ⅱ-29より，偏食がないこどもをもつ保護者の養育態度は，男女ともにどちらともいえない割合が男児の保護者が71.7％，女児の保護者は83.4％と高かった。偏食がないこどもをもつ保護者は服従的でも支配的でもなく中立的な養育態度であることがうかがえる。

b）保護者の養育態度（拒否－保護）

図Ⅱ-30より，極端に偏食があるこどもをもつ保護者の養育態度は，男女ともに「大変」「やや」を含めて保護的な男児の保護者が69.8％，女児の保護者は56.4％で，拒否的な男児の保護者7.5％，女児の保護者10.3％を大きく上回った。また偏食があるこどもをもつ男児の保護者が女児の保護者に比べ保護的な養育態度の割合が高かった。

図Ⅱ-31より，偏食がないこどもをもつ保護者の養育態度は，男女ともにどちらともいえない割合が男児の保護者が71.7％，女児の保護者は

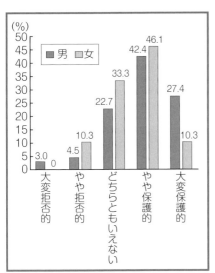

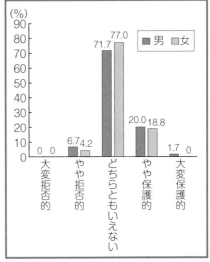

図Ⅱ-30　極端に偏食があるこどもをもつ保護者の養育態度（拒否－保護）　　図Ⅱ-31　偏食がないこどもをもつ保護者の養育態度（拒否－保護）

77.0％と高かった。偏食がないこどもをもつ保護者は拒否的でも保護的でもなく中立的な養育態度であることがうかがえる。

　以上の調査結果により，極端に偏食があるこどもをもつ保護者の養育態度が服従的で保護的な傾向が高いことから，こどもの要求をそのまま受け入れてしまうことが多いと推察されるため，こどもの非協調的態度や諦めやすさを助長する要因になっていると考えられる（図Ⅱ-32）。

図Ⅱ-32

第2章　偏食に関わる保護者の養育態度・意識の実態を知る　*137*

② 保護者の食に対する意識を知る

（1）保護者の我が子の食や給食に対する意識調査

1）研究方法

a）調査対象

　　本園の年少組保護者200名

b）調査時期

　　2015年5月

c）調査内容

- こどもの偏食と保護者の偏食との関係性（Q1）
- 保護者の偏食と調理との関係性（Q2〜Q5）
- 保護者のこどもの偏食に対する意識（Q6）
- 保護者の給食に対する意識（Q7）

d）調査方法

　　無記名の質問紙法で行う。Q1〜Q7の質問に対し，当てはまる項目に○印を記入する方法で行う。

2）結果および考察

　以下，集計した結果を図Ⅱ-33に円グラフで表す。

　Q1，Q3より，偏食があるこどもは84.5％，保護者自身（主に調理をする者）も偏食がある者が59.5％と多く，Q5より，こどもと親の偏食に関係性があると思っている保護者も「大いに関係ある」「関係ある」を含めて58.5％と高い割合を示している。

　またQ4より，偏食がある保護者は，自身の苦手な食べものを調理しない割合が59.3％と高いことがわかった。しかし，Q6よりこどもに嫌いなものでも少しずつ食べられるようになってほしいと願う保護者が98.0％とほとんどで，Q7より，給食で偏食が改善すると思っている保護者が，「大いにそう思う」「どちらかといえばそう思う」を合わせると99.0％と給食に対する期待の高さを表

138　第Ⅱ部　重なり合う「食の課題」と「保育の課題」を探る

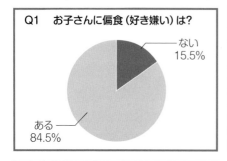
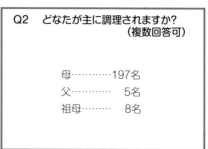
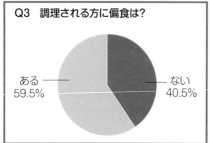
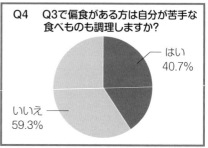
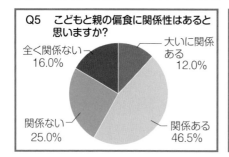
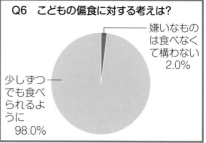
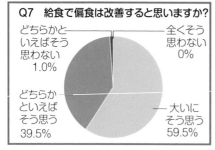

図Ⅱ-33　Q1〜Q7の集計結果

第2章　偏食に関わる保護者の養育態度・意識の実態を知る　*139*

している。

　そこで，給食を1年間経験したこどもたちがどのように変容していったかを調べたものが（2）の調査結果である。

（2）保護者の我が子と自身の偏食との関係，および給食を1年間経験したことによる変容に関する意識調査

1）研究方法

　a）調査対象

　　　本園の年中組（年少組からの進級児）保護者190名

　b）調査時期

　　　2016年5月24日〜27日

　c）調査内容

　　　●こどもと保護者の偏食の状態（Q 8・Q 16）

　　　●こどもの偏食の理由（Q 9）

　　　●保護者のこどもの偏食の改善に関する考え方（Q 10）

　　　●保護者のこどもの偏食改善のための家庭での努力（Q 11）

　　　●昨年1年間給食を食べてきたことによる変化（Q 12）

　　　●偏食改善の一番の理由（Q 13）

　　　●偏食の改善をきっかけとした友だち関係や活動の変化（Q 14）

　　　●こどもの家庭での調理の手伝いの状況（Q 15）

　d）調査方法

　　　無記名の質問紙法で行う。Q 8〜Q 16の質問に対し，当てはまる項目に○印を記入する方法で行う。

2）結果および考察

以下，集計した結果を図Ⅱ−34の円グラフと表Ⅱ-1，Ⅱ-2で表す。

　Q 8で，偏食があるこどもは「多い」「やや多い」を含めると65％と多く，偏食が「少ない」「全くない」こども35％を大きく上回った。p.138のQ 1で，偏食があるこどもが84.5％だったことと比較すると，1年間給食を経験したこ

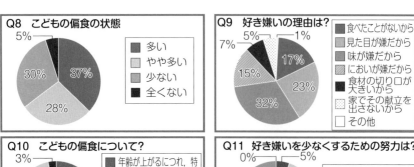
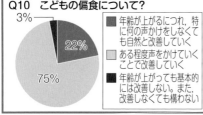
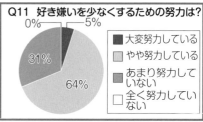
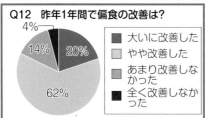
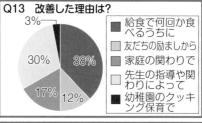
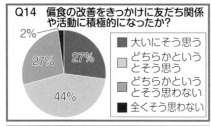
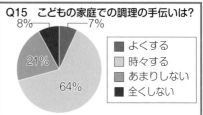
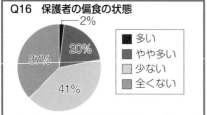

図Ⅱ-34　Q8～Q16の集計結果

第2章　偏食に関わる保護者の養育態度・意識の実態を知る　*141*

表Ⅱ-1 こどもと保護者の偏食の関係

	子　偏食多	子　偏食少
親　偏食多	17.9%	4.2%
親　偏食少	47.4%	30.5%

表Ⅱ-2　調理の手伝いと偏食の関係

	偏食　多	偏食　少
調理の手伝いする	47.8%	26.8%
調理の手伝いしない	12.7%	12.7%

とにより，約20％も偏食が減少しているといえる。

　Q16で，保護者自身の偏食の状態を尋ねると，偏食がある人は「多い」「やや多い」を含めて22％と少なく，偏食が「少ない」「全くない」78％の3分の1以下であった。このことから，大人になるにつれ，経験と味覚の変化から偏食は是正していくといえる。こどもと親の偏食に関係性があるかどうかを表したのが表Ⅱ-1である。Q16より大人になるにつれ偏食は是正することから，こどもに偏食が多くても保護者の偏食が少ない場合が47.4％と半数近くを占めた。ただし，保護者に偏食が多いと，こどもの偏食も多い割合が17.9％であり，こどもの偏食が少ない割合4.2％の4倍以上で，何らかの関係性があると考えられる。

　またQ9より，こどもの好き嫌いの一番の理由を尋ねると，味が嫌だからが32％で最も多く，次いで見た目が嫌だからが23％，食べたことがないからが17％，においが嫌だからが15％と続き，食わず嫌いの傾向が高いことがうかがえる。また，家庭でこどもの苦手な献立を出さない割合が5％であった。前回の調査（p.138 Q4参照）で，偏食がある保護者は自身の苦手な食べものを調理しない割合が59.3％と高いこととも関連していると考えられる。

　Q10より，こどもの偏食に対しては，ある程度声をかけていくことで改善していくと考える保護者が75％と最も多く，年齢が上がるにつれ，特に何の声かけをしなくても自然と改善していくと考える保護者が22％，年齢が上がっても基本的には改善しない，または改善しなくても構わないと考える保護者は3％であった。

　Q11より，こどもの偏食を少なくするための努力は，「大変」「やや」を含めて家庭で取り組んでいる保護者は69％と，「あまり」努力していない保護者31％の2倍以上であった。Q10，Q11より，前回の調査（p.138 Q6参照）で，こ

142 第Ⅱ部 重なり合う「食の課題」と「保育の課題」を探る

どもに嫌いなものでも少しずつ食べられるようになってほしいと願う保護者が98.0％とほとんどであったことを裏付ける結果といえる。

前回の調査（p.138 Q 7参照）では，給食で偏食が改善すると思っている保護者が，「大いにそう思う」「どちらかといえばそう思う」を合わせると99％と給食に対する期待の高さを表していた。今回，年少組で1年間給食を経験したこどもが，実際に偏食が改善したかどうかを尋ねてみたのがQ 12である。「大いに改善した」が20％，「やや改善した」62％と改善がみられたこどもが8割を超えた。

Q 13で，改善した理由として複数回答してもらったうち順位1位の回答のみ集計したところ，「給食で何回か食べるうちに」が38％で最も多く，次いで「先生の指導や関わりによって」が30％。「家庭の関わりで」17％，「友だちの励ましから」12％，「幼稚園のクッキング保育で」3％であった。これにより，偏食を改善するためには，給食での食体験を重ねたり，保育者や友だちと関わったりすることが大きなきっかけとなると考えられる。

外山（2008）は，「共食」という概念を用い，生活や社会行動を共有している家族や仲間などと食を共にすることで，人間関係や社会活動にもつながっていくと述べている。「共食」は「一緒に食べる」ことだけでなく，「食事についての話をする」「料理をする」「片付けをする」ことなども含まれ，それによりさまざまな力が育まれていく。具体的には，「コミュニケーション力を育む」「連帯感を高める」「食文化を伝達する」「食の知識や興味を増やす」「食事のマナーを身に付ける」「食習慣を身に付ける」とともに「偏食を防止する」「食欲を増進させる」といった偏食や少食の是正にも「共食」の効果があるといわれている。

Q 14より，偏食の改善をきっかけとして友だち関係や活動に積極的になったかどうかを尋ねたところ，「大いに」「どちらかというと」積極的になったと感じる保護者が71％であった。「人間関係の取り方」（p.122図Ⅱ－10参照），「新しい活動への取組み方」（p.127図Ⅱ－20参照）について偏食がないこどもは積極的であり，「友だちの数」も多い（p.123図Ⅱ-12参照）ことからも，偏食の改善に

よりこどもの変容がみられたと考えられる。

　Q15より，こどもが家庭で調理の手伝いをするかどうかを尋ねてみたところ，「よくする」7％，「時々する」64％，「あまりしない」21％，「全くしない」8％であった。

　「調理のお手伝いをする子は偏食が少ないのではないか」という仮説を立て，Q8とQ15の結果を合わせて分析したものが表Ⅱ-2「調理の手伝いと偏食の関係」である。こども全体として偏食のあるこどもが6割と多いので，明確な関係性はみられなかった。

参考文献

- 川端晶子・畑明美，Nブックス調理学，建帛社，2010
- 外山紀子，発達としての共食　社会的な食のはじまり，新曜社，2008
- 尼崎市教育委員会，みんなで楽しく共食，2016年12月

第Ⅲ部 食育と保育をつなぐ保育者の援助

第1章 自ら「もの」「ひと」「こと」に関わる力を育むための実践記録

① 調査結果から仮説を立てる

藤江（2017）は，「『エビデンスに基づく教育』に関する研究の動向」の中で，エビデンスに関するさまざまな議論について整理を行っている。そして，エビデンスの定義のひとつとして，「教育にかかわる人々が，それぞれの意向や構造活動を価値づけ，それらに正当性を付与できる可視化された傾向を『エビデンス』と名付けている」と述べている。

第Ⅱ部では，保育者が経験的に感じていた事柄を取りまとめ，傾向の可視化ができないかと考えていくつかの調査を行った。その結果，極端に偏食があるこどもには性格や行動にいくつかの特徴的な傾向がみられた。むろん，こどもの性格や行動傾向は生得的要因や後天的要因・環境要因などが複雑に絡み合って全体像をなしているため断言することはできないが，少なからず食べものの好き嫌いが影響していることが考えられた。そこで，調査結果をエビデンスとして，こどもたちが自ら進んでいろいろな食材や献立を食べていけるようになることで人間関係や活動に積極的に関わることができるのではないか，言い換えると，食材という「もの」に対する対峙のしかたが変わることで，「ひと（人間関係）」や「こと（活動等）」に対しても，よりよい変容がみられるのではないかという仮説を立て実践研究に取り組むことにした。

仮説を検証するための実践事例

　本来，日常的な食育の場は，一斉活動としての給食の時間である。本園では，普段の給食は，2歳児では11時過ぎに，3〜5歳児ではクラスの登園時間によって若干の差はあるが，11時半〜12時ごろに給食室から配食される。配膳は，2・3歳児は，担任が一人ひとりの食の状況や体調に応じた量を加減しながら盛り付けていく。食育の達成目標のひとつとして掲げた「みんなと一緒に楽しく食べる」ことを大切に，食べることへの意欲や「全部食べられた」という成就感がもてるように，無理なく徐々に進めることを基本として取り組んでいる。4，5歳児になると，担任が「これくらい？」「もっと食べられる？」などこどもとのやり取りを通して配膳している。また，4歳児後半からは給食当番がその役割を担うことも多い。

　2歳児は，12名の全員の顔が見えるような机の配置で，3歳児以上は4．5人の生活グループ毎に机に着いて食べることが多い。時には，天気のよい日にはテラスやウッドデッキに机を出して青空レストラン風にしたり，同年齢や異年齢のクラスが合同で食べたり，遊戯室を使って数クラス混合で大レストラン仕立てにして雰囲気を変えて食べることもある。

　全員分の配膳が終わると，給食当番が前に立ち「今日の給食は，○○です」と献立名を紹介し，「手を合わせましょう。いただきます」と唱和して食べ始める。その際，担任が栄養についてのミニコメントを簡単に話したり，おいしさを伝えたりする。その後，会話を楽しみながらみんなで給食をいただくのである。

　担任は，食の細い子や好き嫌いの多い子，食物アレルギーのある子には個別に関わっていく。またおかわりしたいこどもにも対応していく。

　食べ終わったこどもは，同じテーブルのこどもたちや保育者に，「お皿ピカピカになったよ」と食器を見せ合う。ごはん粒などが食器に付いていたら，「まだここにごはん粒残ってるよ」「お味噌汁のお野菜が少し残っているよ」等と

教え合い，最後まできれいに食べることを大切にしている。

　年少〜年長クラスでは，ほぼ全員のこどもが食べ終わるのを見計らって「ごちそうさま」を唱える。その後，通称“魔法の紙”と呼んでいる広告用紙や裏紙を小さく切って用意したものを各自で取りにきて，テーブルや床にこぼれた食材を拾ってきれいに片付けていく。年中・年長組はテーブルのふきんかけ，床のぞうきんがけも行っている。食べ終わった食器かごや食缶は，給食当番を中心に「わっしょい，わっしょい」と大勢で給食室や配膳ワゴンに運び，「給食のおばちゃん，ごちそうさまでした」「おいしかったよ」と伝えている。

　クラスで「ごちそうさま」をした後にも，食べ終えることができないこどもたちが数名残ることもある。そのこどもたちはひとつのテーブルに集められ，まだ食べたい気持ちがあるのか，がんばりたい気持ちがみられるのかを担任は見計らって，そのこどもに寄り添いながら関わっている。献立にもよるが，このように最後まで残るこどもたちの顔ぶれはほぼ同じである。毎日の繰り返しの中で少しでも自分から食べていけるように，一口でも口にすることでおいしさが感じられるように，日々担任は悩み，さまざまな方法を試み，根気強く関わっているのが現状である。そのようなこどもたちにとって，食が苦痛にならないように短時間で切り上げることはもちろんである。

　以下，仮説を検証するために，極端に偏食があるこどもや食に課題を抱えるクラスを抽出し，保育者の援助のありようによって，どのように変わっていくのか1年〜数年をかけて縦断的にVTRや観察記録を取り，随所で振り返り（手立てと評価）を行いながら分析した実践事例を記すことにする。

（1）年中4歳児　女児　Bちゃんの事例

　Bちゃんは4歳で進級児の女の子である。4月の進級当初，外国籍ということもあり，言葉をあまり発することなく，何をするにも無表情で無気力な様子だった。運動遊びや戸外遊びで何かに挑戦することを促しても嫌がり，取り組もうとすらしなかった。人間関係では新しいクラスの友だちといることよりも前クラスの男児とのみ関わり，そこでは「あああ」と言う姿はあるものの，思

いが伝わっている様子は見受けられなかった。

　本児との関わりの中で一番苦戦したのは給食である。年少時の担任からの引継ぎや指導要録・個人記録等を通して概要はわかっていたものの，実際に携わってみて初めて本児の抱えている課題を目の当たりにし，当惑してしまった。本児は米と牛乳以外は全く食べようとしないのである。しかも，箸（はし）を使わず指でつまんで食べようとする。発達的な問題からこだわりがあり，白い食品しか食べられないわけでは決してない。しかし,給食を配膳しても手を付けることをせず,ずっと座って皿を見ているのである。特に野菜が嫌いで，配膳されたもの見ると言葉にならないような声で唸（うな）っていた。「おいしいよ」「ちょっとなめてみようか」と個別に関わろうとしてもスプーンを口に近づけるだけで，保育者の手を取り押し返したり，スプーンを跳ね返したりする。何が嫌で，なぜ食べたくないか聞いても言葉にして思いを伝えられないため，本児の気持ちが保育者にはわからなかった。

　給食が始まって1週間が経った。本児が全く食べないので，保護者と連絡を取ることにした。母親が外国の方で日本語が堪能（たんのう）でないため，電話で話してもうまく現状を伝えることが難しかった。また進級して間がないということもあり，こどものことを否定し，関係が壊れることは避けたかった。その状況の中でも電話を通じて本児が米と肉と魚は食べられることがわかった。そして，それらの食べものを最近食べられるようになったことも知ることができた。母親には「給食を通して食べることに意欲的になっていけるよう関わりたい」と保育者の願いを伝えて受話器を置いた。

　それからの給食は本児のペースに合わせることにした。まずは全部食べることに喜びを感じてほしいと思い，主食，副食の量をスプーン1杯分にして，一切野菜を入れず配膳した。それでも30分かかっても完食できない日が続いた。

しかし，あるとき，本児の好きな献立の日があり，全部を食べ切ることができたのである。来る日も来る日も苦戦していた保育者は手を叩いて喜んだ。またクラスの他のこどもたちも，日々本児が給食を食べずにいたことを見ていたので，一緒に喜ぶ姿があった。そのとき，かすかだが本児に笑みが浮かんだのが見えた。

その次の週は，思い切って野菜を一口でも食べることを促した。本児は当初から野菜を食べること自体を放棄していたので，担任との関係が構築されてきた手ごたえを感じ始めたことを見計らって，その日初めて担任から本児の口に運んでみた。しかし，期待とは裏腹に口に含むことなく，下に落としたり，手で払いのけたり，吐き出したりした。

給食が始まり1か月。このように一進一退の状態が続くなか，ある日，一切食べようとしなかった野菜を口に含むことができたのである。一瞬口の中に入れた後，吐き出してしまったが，「すごいね〜。Bちゃん野菜をお口に入れられたよ」と担任が周囲のこどもたちに伝えたところ，クラス全員が喜び，「Bちゃん，がんばったね」と認める姿があった。その日の保育終了後，母親に電話でその姿を報告した。驚いたことに，本児から帰宅後すぐに「今日，野菜を食べられた」と母親に話していたらしく，母親と本児の変化を喜び合った。母親も「野菜を少しずつ食べてほしい」と思いを伝えてこられた。その言葉を受け，「それならば，お家でも少しずつ野菜を出していきましょうか」と投げかけ，「家庭と園とで共にがんばっていきましょう」と話すことができた。

その日以来，給食時に保育者の前にわざわざ歩み寄り，野菜を持ってきて手で掴み，食べるところを見せてくれるようになった。言葉は発しないものの，行動で自分の気持ちや意欲を表してくれたその姿を褒め続けることで，本児の表情が豊かになっていった。そうしたやり取りを重ねるうちに言葉も出始め，「先生，見て」と伝えられるようになった。それに伴い，次第に戸外で遊ぶことも増え，雲梯にも挑戦する姿が見られ，「先生，見てて！」と保育者を呼びにくることも多くなってきた。自信を少しもったようだった。

6月に入ってから，さらに一歩進めてみようと，野菜を口に入れて噛むこと

を促してみた。保育者自身が本児の目の前で「もぐもぐ」「おいしい！　おいしい！」と言いながら食べてみせる。本児の4月からの変容はあるものの、未だ食べることに対しての意欲が薄いので、食べるという行為をプラスの言葉に転化して伝えることで、少しでも前向きに食べられるように関わった。6月はできるだけ自分で食べられるよう見守るが、配膳量が少なくても一人では給食時間内に終えることは難しかった。そのため、保育者が傍に付いて励ましたり、促したりした。すると、完食できる日が稀にあり、クラスのこどもたちが「先生、Bちゃんがんばったね！」「すごいやん！」と声をかけていた。7月は野菜を少し食べられるようになり、1学期の終業式を迎えた。

　しかし、2学期。姿はまた戻っていた。母親に尋ねると、夏休みは家庭ではがんばって野菜料理を食べていたとのこと。そうであるとすれば、夏休みを挟んだことで、築いていた担任との関係が薄れたのではないかと思われた。そのことに気付いてから、信頼関係の再構築を図るべく本児ともう一度向き合い、食べたときにしっかりと認めるように心がけた。一緒であれば食べられるが、ひとりで食べると口から吐き出すようになった。口に含んでも、野菜を口の中で分離させ、野菜だけを吐き出す。加えて、箸を使わず手掴みで食べているので「どうしたものか…」と保育者は日々悩んでいた。

　状況はなかなか改善しないまま日は過ぎていった。が、あるとき、同じグループのこどもが給食を本児の口までスプーンで運んでいるのが目に飛び込んできた。毎日、保育者が行っている姿を見て、自然とまねて行動へと移していたのである。本児もそれを素直に受け入れ、口に含み、嚥下していた。そして、食べ終えると本児とその子が嬉しそうに「先生、見て」と空になった皿を見せにきてくれた。そのとき初めて今まで自分の行ってきた関わりが、保育者自身の勇み足だったことに気付かされ、本児のペースに合わせきれていなかったと猛省した。

　その日を境に、本児だけと向き合うのではなく、他のこどもたちと一緒に本児との関わりを築くことを意識して援助のあり方を変えていった。すると、他児と関わることを通して、本児は自分の思いを言葉で伝えようと努力するよう

になっていった。

　2学期末には指でつまんで食べていたものが，箸で野菜を持って食べられるようになった。3学期には保育者が入れた量は，最後まで自分で食べるようになった。必ず食べ終わった食器を持ってきて，保育者に見せることも1年間続いた。翌年，年長になってもその行動を取っていたと，年長の担任から報告を受けた。完食した食器を見せるという行為は，本児の中での「食べるバロメーター」，すなわち目標であり，達成感や自信になっていたのではないかと考える。

　もし最初から保育者が諦め，食べない本児を受け入れ，そのままにしていたらどうなっていただろうか。保育者が怒り，無理矢理食べさせていたらどうなっていただろうか。本児と向き合い，寄り添うことで「食べる」ことに意欲をもち，自信につながったのなら，これほどの喜びはない。また，本児がさまざまな食品を食べるようになってからは，母親も本児ががんばろうと思えるような関わりに変えていってくれた。それに伴い，母親のほうから保育者に相談してくれるようになった。無気力だった本児が「食べる」ことができるようになってから，生活も遊びも人間関係も徐々に変わっていった。その変容の裏には，もちろん本児自身のがんばろうとする気持ちや，それを認め，応援し，手助けしようとする周りのこどもたちの支えがあったからにほかならない。その積み重ねの中で，本児なりに自信をもち，行動できるようになっていったと感じる。

　「武庫・立花愛の園幼稚園の給食の3つのコンセプト」(p.17表I-1）の中の，「食べることは生きること」を信条として，こどもたちと関わってきた。しかしながら，試行錯誤しては頭を打ち，うまくいかないことへのジレンマや悩み尽きない日々であった。傍から見ればほんのわずかの変化だったかもしれないが，この1年がBちゃんにとっては，まさしくこれからを「生きる」ために必要な自信の芽生えになったのではないだろうか。拙いながらもBちゃんと関わるなかで，人生における大切な基盤を少しでもこの幼児期に培うことが私たちの努めであると再認識した1年間であった。

（2）年中４歳児　男児　Ｄくんの事例

　Ｄくんは進級児で，おとなしく真面目な性格の男児である。幼稚園は病欠することが多かった。友だちはいたが，特定の２名の男児のみだった。年少のときから牛乳を飲むと吐く癖があり，においを嗅ぐだけでも吐いてしまう。自ら牛乳を飲むことは一切しなかったが，真面目な性格もあり保育者が勧めると少し飲もうと試みる。しかし，少しでも口に付けると食べたものまですべて吐いてしまう。本児自身も吐くことをコントロールができない様子だったので，食前に牛乳を飲むように促した。しかし，飲んだ瞬間にトイレにかけ込む姿や，「飲めない」という思いが強く感じられたため，気持ちの面での援助を行うようにした。保護者とも連絡を取り合い，こどもに対する願いを重ね合わせながら方向性を話し合った。そこで，決して無理強いをせず，本人の気持ちに寄り添いながら最初は保育者が口に運ぶことから始めることにした。そして，吐き出さなかったときはその踏ん張る姿を十分に認めた。自らがまんできるようになってくると保育者の目の前で自分から飲むように変わってきた。

　２学期になると夏休みのブランクはあったが自分から牛乳を飲み，「先生，飲んだ」と報告する姿があった。それを認めていくことで，飲めたということを実感できることを通して喜びが感じられるよう関わるようにした。苦手なことに対してすぐに「無理」と言うことが多かった本児だが，２学期からは少しでもやってみようとする姿になってきた。鉄棒や雲梯など運動遊びに積極的になり，友だちと鬼ごっこや戦いごっこなどの活発な遊びに参加する様子が見られ，何より欠席日数が減り，幼稚園にほぼ毎日登園するようになった。

　３学期になるとコップに入れた少なめの量であれば牛乳が飲めるようになったことで，友だちと会話をしながら食事を楽しむことができるように変容してきた。量は他児に比べ少ないが「飲める」という思いをもてるようになったことが本児の偏食改善への一歩だったように思う。小さな成功体験が他の分野や友だち関係にも影響していったように感じる。

（3）年少3歳児　女児　Cちゃんの事例

　Cちゃんは，3年保育入園児である。1学期当初より，自分の身の回りのことは自分で行い，保育者の話を聞き判断して行動ができる。しかし，極度の人見知りで，新しい環境になかなか馴染めずに泣いて登園する日が続いていた。1学期は，実習生やチームティーチングの保育者が入ることが多いため，普段見慣れない大人が保育室にいることで保育室に入れない，またはその人を避けな  がら大回りをして入室するという日が続いていた。Cちゃんが，担任以外の保育者に慣れるまでは一定の距離感や時間が必要であった。

　給食に関しても同じく，新しい環境の中では食べようとしない。食べてもほんの一口程度…という状態であった。はじめはCちゃんの様子を見ながら話しかけたり，Cちゃんの嫌がらない心理的な距離を保ちつつ関わったりすることを心がけた。しかし，間合いをはかりながらCちゃんとの信頼関係を築こうと，さまざまな試みを行っては挫け，なかなか思うように保育者との通い合いができない日が続いていた。そこで，無理に個別で関わるよりも，クラス全体の中で投げかけるなどの方法で話すようにした。特に新しい活動の前には，具体的に何をするのか，誰が来るのか，どういうふうにするのかといったことを安心できるように伝えていくようにしたところ，徐々にCちゃんから声が聞けるようになっていった。着替えなどで困ることがあると「できない〜」と援助を求めたり，近くにいる友だちにも声をかけたりする姿が見受けられるようになり，少しずつ園生活にも慣れていく様子が感じられた。

　5月後半ごろからは泣くこともほとんどなくなり，給食ではごはん一口，おかず一口が食べられるようになっていった。だが，カレーライス，炊き込みごはんなどの味のついたごはんや野菜類などには全く手を付けようとしない。少しでも口に運ぶことができるように保育者が励ますと，がんばろうという気持ちはみられるものの食べることはかなり厳しい状況だった。給食の配膳量を極

力少なめにして関わってみたが，すぐに「無理〜」と言って食べられないことを伝えに来ることも少なくなかった。

2学期。夏休み明けで，長期間家庭で過ごしたこともあり，また元の状態に後戻りするのではと危惧していた。しかし，その心配をよそに，笑顔も多く見られ，2学期という新しい環境への適応もスムーズであった。新しい実習生が集中実習で次々と長期間保育室にいることも多かったが，泣いたり，避けたりするような姿は見られなかった。

学期が変わり，一番心配していたことが給食であった。1学期末にようやく一口は口にすることができていたが，長期間家庭で過ごしたことで，せっかく芽生え始めていたがんばろうという姿勢が，甘えに変わっていないか気がかりであった。ところが，苦手なものも食べてみようという挑戦する気持ちが感じられるようになっていたのである。保護者とも連絡を取り合ったり，個人懇談で様子を尋ねたり，Cちゃんにとって園と家庭とでどのような進め方をすればよいのか相互に情報を交換し合い，足並みを揃えて関わっていったことが功を奏したのであろうか，この変化は驚きでもあり，喜びでもあった。日を重ねるごとに，野菜が食べられるようになり，お汁はおかわりができるようにまでに変わっていった。そして，食べることに対してCちゃん自身が楽しい・おいしいと感じられるようになったことが伝わってきた。食に対して意欲的になったことで，食べる量が増え，食べられる献立の種類も幅が広がっていった。

食の変化に追随するかのように，着替えや身辺整理など状況に応じて的確に行うことができるようになっていった。話を聞く態度は常に前を向き集中している。自分のことや話したいことを積極的に話すようになり，踊ったり歌ったりすることが大好きなCちゃんは運動会や発表会などでは伸び伸びと表現することを楽しみ，自己発揮する姿が見られた。いろいろなことに意欲的になり挑戦する気持ちがもてるようになるのと同時に，気の合う友だちと雲梯や一輪車に取り組むなど積極的に体を動かして遊ぶようになっていった。

3学期になると，活発に友だちと誘い合って遊ぶようになり，元気に安定している姿が見られるようになった。園には，補助輪のついていないこども用の

第1章　自ら「もの」「ひと」「こと」に関わる力を育むための実践記録　*155*

自転車があるが，それに乗りたいという気持ちを強くもち，毎日毎日練習を重ねることで乗れるようになっていった。Cちゃんは転んでも自転車を起こし，かなりの集中力をもってがんばっていた。結果，しばらくしてひとりで補助なし自転車に乗れるようになった，そのことはCちゃんにとって，大変嬉しいことであり，何よりも自信につながったように感じる。自転車に乗れるようになったことを何度も何度も「見てー見てー」と保育者に伝えにきては，満面の笑顔で園庭狭しと乗り回していた。3学期後半に行われるクラス対抗しっぽとり大会では，懸命に走り回って相手チームのしっぽをとり，クラスを勝利に導くために健闘する姿が見られた。

　人間関係や活動・行事などで積極的になり，自信を付けたことで，相乗的に給食においても何でも食べてみようという気持ちが感じられるようになっていった。そして，1学期には手を付けようとしなかったカレーライスや炊き込みごはんなども食べられるようになっていった。そのがんばる姿を認め褒めると，照れながらも満足げな様子だった。

　1年を振り返ってみると，人見知りで新しい環境に慣れるのに時間がかかるCちゃんが少しずつ自分の殻を破っていきながら，自分でできることを増やしていく姿や挑戦する姿を大きな成長として実感することができた。それをそばで見守りながらも一緒に保育者自身も成長しているように感じられ嬉しかった。

　Cちゃんとの関わりで難しさを感じたのは，心理的な距離感であった。「こどもの主体性」と「保育者の指導性」とのバランスの取り方を本事例ほど悩んだことはなかった。そうしたこどもとの間合いを考えながら，時には無理のないように，また時には「これはがんばってみよう」と背中を押し，励ましながらのやり取りだった。Cちゃんは，真面目であるがゆえに頑(かたく)なに自分を曲げようとしない面もあり，押したり引いたりの繰り返しであった。そのような中でもCちゃんのがんばっていることを認め，新しい活動に向き合えるようにと少しずつ取り組んだ給食においては1年を通して大きな成長が見られた。

　年中組に進級すると，新しい環境になることでまた慣れるまでに時間がかかることも予想されるが，年少での1年間で培ってきた気持ちを糧(かて)にさらなる成

長を期待したい。

（４）年中４歳児　女児　Ｎちゃんの事例

これは，筆者が２年目で初めてクラス担任を任されたときの事例である。新入園児のＮちゃんは，集団生活において特に困る様子はなく，自分のことは何でも自分でできていた。ただ，自分の気持ちを言葉で表現することが少なく，周りに比べると行動が遅い面が見受けられた。給食では過度の少食で，スプーン１杯のごはんとおかずしか食べられなかった。

初めて担任する筆者にとっては，みんなと同じくらいの量を食べられるようになってほしいという願いが強く，励ます言葉やがんばらせようとする関わりが多かったように思う。しかし，一向に改善されないどころか，ますます不安をあおってしまい，毎回ネガティブな体験が残るという結果になってしまった。これでは意欲がもてず，苦手意識を強化してしまうことに，そのころの筆者は気付けていなかった。

しかしながら何とか改善したいという気持ちから，母親に家庭での状況を聞いてみることにした。すると家庭でも同じように少量しか食べていないということがわかった。また，登園を渋ることはないが，給食の時間が嫌だということを漏らしていることもわかった。そこで，まず少しでも給食の不安を取り除くため，無理強いさせない関わりを心がけた。具体的には本児が納得する量しか配膳せず，みんなと同じように完食することを目指した。しかし，同時にお箸ひとつまみ程度で，食の改善を図る前よりも少ない配膳の量を見ると，果たしてこれで十分な栄養はとれるのかという不安にもかられたが，まずは実践してみることにした。

すると，次第に完食してピカピカになった皿を担任に対して嬉しそうに見せてくれるようになっていった。そこで本児を認め続けていくと，以前のような不安な表情は一切見られなくなり，自らおかわりまでするようになったのであ

第1章　自ら「もの」「ひと」「こと」に関わる力を育むための実践記録　*157*

る。また，本児のがんばりを認める友だちも増えてきた。さらに，明るい表情や笑顔が多くなり，進んで運動遊びに取り組むようにもなった。その後，本児はみんなと同じくらいの量を食べられるようになった。

　この事例を通して学んだことは，安心・安全の場が第一ということである。給食は苦手であっても，その時間が嫌にならなくなったことで，保育者や友だちと一緒に食事をすることが楽しくなり，完食して認められることで達成感を味わうことにつながったのだと思われる。

（5）年長5歳児　遅い時刻に登園するクラスの事例

　本園は，スクールバスが3コース運行している。そのため，3コース目のバスは遅い時刻に到着する。当クラスは一番遅く登園してくるため，「遅組」と呼ばれているクラスであった。朝の登園時間までに余裕があるからか，家庭によっては起床や朝食をとる時間が遅いこどもも少なくなかった。園では12時前後に給食が運ばれてくるので，登園後2時間ほどで給食時間となる。また，本園の年長児は行事なども多様で，いわゆる一斉保育や行事は，午前中に計画されることが多い。登園時間の問題から，「遅組」が戸外でたっぷりと遊ぶ時間は午後になってしまうことが日常的だった。

　これは園の抱える事情として致し方のないことだと思っていたが，何としても改善しなければならないと感じたのは，給食を食べる意欲の低さであった。食育に力を入れようとも，まず食欲がわいていない現状があった。しかし，担任として基本的に無理強いして食べさせることはしたくなかった。望んでいたのは，人間として生きるために食べるという本能，換言すると空腹感を感じて食べたいと欲求することこそが大切なのではないかと考えていた。

　そこで，給食の時間を少し遅めにずらし，できるだけ午前中にたっぷりと戸外で遊べる時間を確保するようにした。さらに，活動的なクラスでもあったので，運動遊びや集団遊びを多く取り入れて，まさにへとへとになって空腹感を味わう体験をするように関わったのである。すると，期待通りに「先生，給食まだ」「おなかすいた」という言葉も出るようになり，以前に比べて給食を食

べる意欲や量も増してきたのである。それに追随して,「あぁおなかいっぱい」「おいしかったわ」と満足や感謝を表す言葉も出るようになっていった。

　この事例から学んだことは,空腹感を味わうことが食事をすることの意欲や感謝につながり,満足感を味わうようになったということである。つまり,食に対する構えが「食べなければならない給食」から「食べたい給食」に変わったのだと思われる。

（6）年長5歳児　男児　Ａくんの事例

　本園には「にこにこ畑」と呼ばれる保育室2部屋程度の畑があり,毎年年長児を中心にさまざまな野菜を自ら育て,クッキング保育や給食へと活用している(p.51「畑プロジェクト」参照)。

　当クラスは給食の好き嫌いが激しく,特に野菜を苦手とする子が多く見受けられた。そのため,畑活動が野菜に対する苦手意識の克服となる絶好の機会だと考え,意図性をもって取り組むことにした。近年,調理家電の進化や中食の浸透,情報機器の発展や便利グッズの開発などに伴い,「時短＝豊かさ」とされる風潮がある。これ自体を否定するつもりはないが,こどもたちにとっては本物に触れるという機会が失われているように感じる。例えば調理には欠かせない「火」もIHに変わり,さまざまな機能を備えた調理機器がボタンひとつで調理してくれる時代である。そこで,日々当たり前に口にしている食への感謝や原体験を,畑プロジェクトを通して体験してほしいと考えたのである。

　ゴールデンウィーク明け,こどもたちは各グループで話し合い,思いや考えを伝え合いながら,育てたい夏野菜を決めていった。畝に苗を植え,頻繁に畑に足を運び,水やりを行い,生長する高さや大きさをメジャーやものさしを使って測り,少しでも栽培物の変化を発見すると観察記録として絵を描くなどして,主体的に興味や関心を持続できるような関わりを心がけた。不思議なもので,食べることは苦手であっても,育てることに関しては日々の生長や変化を発見し,収穫することに対して期待を高めていったのである。

　ある日,戸外遊びを終えて給食時間の前に畑へ立ち寄ったとき,生長して

第1章 自ら「もの」「ひと」「こと」に関わる力を育むための実践記録　*159*

　青々と輝いていたピーマンを見たＡくんは，「食べたい」とつぶやいた。Ａくんはピーマンが苦手だったにもかかわらず，育てたい野菜はピーマンと決めていて，毎日ピーマン係として世話を続けていた。当初，Ａくんの「ピーマンを育てたい」という言葉にも驚きだったが，「食べたい」という発言は衝撃的だった。Ａくんの言葉は保育者の心に届いたものの，給食を始める時間帯で，調理するにも用具や時間的余裕がなかったため，思いを叶えるには厳しい状況があり，ジレンマを感じた。しかし，Ａくんの今感じているその気持ちを大切にしたい，いや，すべきであろうと思い切って「生のままだったら食べられるよ」と提案してみた。きっと嫌がるだろうと半ば諦めての提案だった。

　ところが，そんな保育者の懸念を吹き飛ばすかのように，Ａくんは「食べたい」と強く答えた。その日の給食はミートスパゲッティだった。急遽ピーマンを一口サイズに刻んで，その上に乗せて食べてみることにした。そして，Ａくんに食べたいピーマンを選ばせてもぎらせた。Ａくんが包丁を入れる度に，採れたてのみずみずしさがまな板の上から溢れてきた。しかし，ここまで苦労して育てて，生で食べることによってＡくんに「苦い」という嫌な印象を与えないだろうかと，保育者は不安でしかたがなかった。ところが，刻んだ生のピーマンが乗ったミートスパゲッティを一口食べると，Ａくんから驚きの答えが返ってきたのである。「甘い」と。そう言うなりパクパクと食べ始めたのである。次第に周りのこどもたちも「ほんまや，これは甘い」と言うのである。半信半疑の思いをもちながら，保育者もピーマンを一口食べてみた。すると本当に甘かったのである。くだものでも食べているような感覚であった。保育者自身にとっても採れたての野菜がこんなにも甘いと感じるものかと衝撃であった。その日の給食は，甘いピーマンのおかげで完食し，クラスのみんなは「魔法のピーマンや」と言って喜んだ。

　ピーマンはたくさん収穫して余っていたので，残りをどうするかこどもたちに問うと，分けてあげようということになった。クラスみんなでいつもお世話になっている給食調理員さんのところに持っていくことにした。後日，「おいしかったよ」「ありがとう」という言葉をかけてもらい，満足したこどもたち

160 第Ⅲ部 食育と保育をつなぐ保育者の援助

は他の野菜の収穫にも期待がふくらみ，野菜に対する苦手意識も次第に薄らいでいった。

　この事例から学んだことは，食べものという意識でしかなかったピーマンから，育てる体験を通して興味・関心はもとより，愛着さえもてるようになったということである。食育の手法として，食べものの種類や栄養素を伝えて興味や関心を高めるという方法がある。まだまだ幼い３歳児には「にんじんさんが食べてほしいって言ってるよ」など，発達に応じてさまざまな方法で食育を進めている。これ自体は悪いとは思わないが，抽象的で現実味が感じにくい一面もある。それよりも，栽培・収穫・調理など体験的に学ぶことが，よりストレートにこども自身の中に取り込まれることが多く，大切なのではないかと思える事例であった。

（7）年中４歳児　S組の事例

　これは，担任をする年中４歳児クラスの事例である。結論から先に述べると，本当に食べないクラスで悩み続けている。今までさまざまなこどもたちを見てきて，自分なりに工夫して実践もしてきたつもりである。しかし今回のクラスはなかなか手強い。今まで自身が培ってきた保育の経験知を総動員してもうまくいかず，思いあぐねることや葛藤する日々が続いた。そのような中でも，試行錯誤しながら少し手ごたえを感じた関わり方を以下に述べることにする。

　１）担任がモデルとなって「おいしい，おいしい」と給食を食べ，おかわりは山盛り。特に，こどもが苦手だと思われる給食が出たときには「今日の給食は○○の酢のものだ」「先生の一番好きな食べものなんだ」「楽しみ！」など，大げさに紹介して興味・関心を引くのである。すると不思議なことにこどもたちは「本当だ。おいしい」ともりもり食べるという姿を見ることができた。

　２）苦手意識やネガティブな体験は，食に対する変容につながらないということを経験上感じていた。そこで，時間内に食べきる体験，おかわりをする体験，がんばりを褒められる体験を積み重ねられるよう関わってきた。

第1章　自ら「もの」「ひと」「こと」に関わる力を育むための実践記録　*161*

そうすることで，1学期に比べると2学期ではわずかではあるが食欲が高まっているようにも感じる。

　ところが一方で，今まで心配していなかったこどもたちまでもが，苦手意識を伝えることが増えてきたように感じる。「何でも残してOK」「いいよ，いいよ」と残食することをよしとしてきたつもりはないのだが，クラス全体として食べないムードが漂っているところが大変気になっている。その雰囲気を打破するために，保護者との連携を深め，他の同僚の知恵も借り，あの手この手を試しながら，少しでも主体的に楽しく食べられることができるよう努めている。

3）その他に心がけた関わりとしては，①残った白飯に塩を振っておにぎりにして，「へい，いらっしゃい，今日のおにぎりは特別おいしいよ」など，お店屋さんになりきる。そうすることで，雰囲気が変わり，残食が減ることも多い。②「今日は○○パーティー」として他クラスと一緒に給食を食べてみる。③野菜を育て，調理して食べる。④食材に興味がもてるよう名称や栄養素などエピソードを伝える。⑤保護者と相談し，家庭での状況を聞いてみる。

この事例から学んだことは，筆者の今までのキャリアが邪魔をして，何とかしてあげたい気持ちが強過ぎたのではないかということである。これだけ手をつくしてもうまくいかないという裏には，保育者が感じる課題とこども自身が抱える課題との間にギャップがあるのかもしれない。

　一歩引いて俯瞰的に考えてみると，食べないということは，こどもにとってはそんなに大きな問題ではないのかもしれない。つまり，保育者の焦りや不安がこどもに伝わってしまい，目に見えないプレッシャーやストレスを与えているのではないかと推察される。いま一度，冷静になって温かい眼差しを基にこどもとの信頼関係を築いていくことが必要ではないかと感じている。

実践記録から読み解くこどもの食の課題と保育の課題

　以上，こどもたちが自ら進んでいろいろな食材や献立を食べていけるようになることで，人間関係や活動により積極的に関われるようになるのではないかという仮説を立て，実践を行い，年間を通して抽出児の観察記録・分析を試みた。

　実践事例で示したように，「食べる」という行為の中でこどもたちはさまざまな思いをいろいろな形で表現している。泣いたり，吐いたり，嫌がったり…。単なる「偏食」という言葉では片付けられない，そのこどもたちが抱えている課題が複合的に絡み合っており，どこから紐解いていけばよいのか，正直戸惑うことのほうが多い毎日だった。混沌とした状況をどう打開していけばよいのか手探りのなか，向き合うことに辛さを感じることもあった。まさに試行錯誤しながら絡まった糸を一つひとつたどりながら実践を行っていった。

　「偏食」というひとつの現象から，「食べられない」という行為の裏には，「嫌いだから」「いやだから」という食べものに対する嫌悪感だけではなく，そのこどもの生活や心理的な背景が大きく影響していることが見えてきた。特に，「食歴」とでも言うべき，家庭での食に関する成育歴も深く関わっていることが保護者と連絡を取り合う中で感じられた。それは，離乳食の時期まで遡ることもあり，保護者自身がどの時期に何をどのように与えていったらよいのかわからないまま入園を迎えたのだろうと推察する。祖父母と同居・近居であれば離乳食の進め方や子育てのあり方をモデルや情報源として自身の子育てに取り込むことができるのであろうが，核家族・ひとり親家庭・保護者（特に母親）の長時間就労・単身赴任・夫の帰宅が遅いなど周囲の協力が得られない状況では，致し方ない部分も大きいと思われる。一方で，スマートフォンやパソコンで，知りたい情報はすぐに手に入る時代ではあるが，溢れるほどの情報があっても抽象的で子育てには反映されにくいのであろう。とにかく命をつなぐために，こどもの欲するものを食べさせることが精一杯だったのだろうと，保護者

と話をするなかで感じることや，思いをはせることも少なくなかった。

　「幼稚園に食事や排泄など生活習慣のことまで丸投げ」と見えてしまう保護者であっても，やり方がわからず，どうしようもないまま「助けてほしい」「何とかしてほしい」というSOSを発信していたのだと直接話を交わすなかで思うようにもなった。こどもの食の様子が改善することで，保護者自身が「私も救われた」と言われたことがあり，現代の社会が抱える問題の根深さを感じずにはいられなかった。と同時に，園が食育や保育の情報の発信源としての使命を帯びていることを，身をもって感じる事例でもあった。

　実践を通して「偏食」という言葉で片付けるよりも，なぜ食べられないのかというこどもの内面を読み取り，子や親の気持ちに寄り添い，関わることで食べ方が変わってくると考える。アレルギーや体質的なもの，感覚過敏などによる課題があれば話は別だが，保育者の関わり方で，強制されるからではなく自分から「食べよう」という意志をもつことにより「偏食」は改善できると感じている。そして，こどもたちが自ら進んでいろいろな食材や献立を食べていけるようになることで，人間関係や活動により積極的に関われるようになることが実践から推し量ることができた。

　実践事例（１）のＢちゃんの記録（p.147）にもあったように，もし最初から保育者が諦め，食べない本児を受け入れ，そのままにしていたらどうなっていただろうか。反対に，保育者が怒り，無理矢理食べさせていたらどうなっていただろうか。おそらくＢちゃんの食の課題も置き去りにされ，保育における変容も今とは違ったものであっただろうと推察する。そう考えると，保育者が本児に寄り添い，向き合うなかで「食べる意欲」がもてたことで，自信につながったといえよう。無気力だった本児が，生活も遊びも人間関係も徐々に変わっていった背景には，保育者と保護者がこどもに対する願いをひとつにし，心を合わせた取組みの結果が実を結んだと考える。

　これらの実践を通して「食べることは生きること」すなわち「もの」「ひと」「こと」すべての意欲へとつながっていることを実感している。同時に，こどもたちの「食」に対する興味の薄さ，食べることへの意欲の低さが，「もの」「ひと」「こ

と」へ自ら関わりがたい大きな要因として根底に潜んでいるのではないかと推察された。逆説的に推論するならば，伝えたい「ひと」がいること，伝えたい「こと」があることで，自ら「もの」に関わっていけるのではないか。そうした人的環境により，こどもたちの食に対する意欲は左右されるため，保育者や栄養士や保護者はこども一人ひとりに合わせ，ゆとりをもって関わることが最大の援助であり，永遠の課題であると感じる。

引用・参考文献

- 藤江康彦，「エビデンスに基づく教育」に関する研究の動向，pp.140－148，教育方法46学習指導要領の改訂に関する教育方法学的検討　「資質 ・ 能力」と「教科の本質をめぐって」，日本教育方法学会，2017
- 藤原葉子ら，エビデンスで差がつく食育，光生館，2017

第Ⅲ部	食育と保育をつなぐ保育者の援助

第2章 食育と保育をつなぐ 保育者の援助について考える

① こどもの食の課題と保育の課題を改善するための 保育者の援助

　第Ⅲ部第1章では，実践事例を通して，食の課題が改善することで，相乗的にそのこどもの抱える保育の中での人間関係などの課題も変容していくことがみられた。この章では，さらに具体的に保育者の援助のあり方について考えていく。

（1）偏食・少食など食の課題を改善するための保育者の援助

1）一人ひとりにあった量を配膳する

　低年齢児は自分が食べられる量を自ら調整できないので，保育者がそのこどもが食べられるだろうという量を見極めながら調節する。

　また自らの意思を言葉にして伝えられるようになる4歳児からはどのくらい食べられるか問いかけながら配膳するようにする。保育者がそのこどもが何を苦手とし何を好むのかを把握することが大切である。特に苦手とするものの種類や，食べられる量がわかると，配膳の量も調節でき，食べてみようとする意欲をかき立てることにつながっていく。個々が「がんばろう」と思える量を配膳することで食べようとする姿勢がみられることも多い。たとえその量が驚くほど少量であっても，そのこどもにとって「食べられた！」という自信につなぐことが肝要である。食べられる他の献立があれば，おかわりを促し，量や質を補うようにする。

　本園では，4歳児後半から5歳児にかけて，時折，こども自身が食べられる

量を加減しながら器に注ぎ分けることを行っている。いわゆるバイキング形式である。ただし，バイキングと異なるところは，食べたいものを選択するのではなく，主食・主菜・副菜・汁物・果物・牛乳等給食の献立に上っているものはすべて配膳しなければならない点である。そのときは，こども自身の意思で配膳するため，苦手なものを判断し，自分に合った量を入れることが可能である。しかしながら，そこではバランスよく食べられるように保育者は配慮する必要がある。保育者は注ぎ分けるそばについて，量を見極め，個々に応じて声かけを行うようにしている。また，年長の後半になると小学校への接続も考え，25分もしくは30分で食べ終えることのできる量に調整することで，「残る」「残す」というマイナスの体験にならないよう心がけている。

2）「食べたい」「食べてよかった」と思える言葉がけをする

本園の朝礼では，打ち合わせ事項に加え，担当保育者からの本日の給食の献立が発表され，その給食に含まれる「ミニ栄養コメント」を伝えている（p.100参照）。そのことを活用し，給食を食べる前には必ず食品の栄養成分や，体にどのような働きがあるかなどの話をするようにしている。

しかし，極端に偏食のある子には正直伝わりにくさを感じている。偏食の多い子はその食べもの自体が嫌いなので，うんちくを語られても納得して食べようとする気持ちは起きず，それどころか食べないためにはどうすればよいか考えるふしすら見受けられる。

そこで，そのようなこどもたちには，栄養や体の働きうんぬんといった理論は横に置いて，「食べたい」と思える言葉をかけるようにしている。荒唐無稽と思われるかもしれないが，「豆を食べると遠くのほうまで見えるようになるよ」「オクラは星の形をしているから食べたら星の国に行けるかもしれないね」「ピーマンを食べるとお肌がツルツルになるんだよ」「あ！　このにんじんを

食べたらおいしくてほっぺた落ちそう！」など
保育者自身がわくわくして，オーバーにリアク
ションしながら食べてみせる。すると，こども
たちは，食べたら実際どうなるのか興味津々な
様子で，保育者の口元を覗き込んだりする。内
容は大人からみれば非常識に映るかもしれない
が，こどもたちの目線に立ち，わくわくするよ

う声をかけている。保育者が投げかける言葉によって友だち同士で喜び，食べ
てみようとする。時には，こどもたちに人気のテレビやアニメに登場するキャ
ラクター名を出し，「○○みたいにかわいくなれるよ」「○○レンジャーみたい
に強くなれるよ」という言葉がけも効果絶大の場合もある。

　そして，こどもが少しでも食べた瞬間を見逃さず，「○○ちゃん，肌がツル
ツルになってるよ」「○○くん，明日にはあの空の上に何があるか見えるくら
い，目がよくなってるよ」とイメージがもてるように認めることで，友だちと
喜び，確かめ合いながら再び食べようとしている様子が見られるようになるこ
とが多い。これは集団ならではの相乗効果だと感じている。

3）食べる順番を自分で決める

　口中調味[*26]の意味で，給食では「三角食べ」を推奨しているが，偏食の多い
こどもにはあまり求めないようにしている。好きなものを先に食べるか，苦手
なものを食べるかをそのこどもと相談して決め，それを習慣化するよう試みて
いる。苦手な食べものを見て戻してしまうこどもには，先に苦手なものを食べ
るよう促すこともある。最後に苦手なものを食べると，今まで食べていたもの
まで嘔吐してしまい，不快な思いをしてしまうからである。

＊26　口中調味：白いごはんを主食とする日本人などの特徴的な食べ方。米飯とおかずや汁
　　ものを交互に食べ，口の中で混ぜ合わせて味わうことをさす。日本人の食文化の中では
　　当たり前のように行われてきたことで，給食などでも「三角食べ」として推奨してきた
　　時代背景もある。しかし，外国人には理解しがたい部分があり，「口中調味」は複雑な味
　　わいを生む高等技術だといわれることもある。

苦手なものがあり，なかなか手を付けようとしないこどもには，最後に何口食べるか選択肢を与えたり，保育者が食べものを半分に切り「どっちなら食べられる？」と聞いて選ばせるようにしたりする。そうした選択肢を与えると，自分の意思で選ぶことができ，選んだことに対する責任感や遂行力が生じ，がんばって食べようとすることも多い。

少しでも食べたことが自信につながっていくので，一口は食すことができるように援助している。そして，できるだけ食事の後は「たくさん，食べた」「おいしかった」と，食べたことに喜びを感じて「ごちそうさま」が言えるようにと願っている。

4）少しでも食べようとする気持ちを認める

特に2・3歳児などの低年齢児は，家庭での食経験や食環境との違いから食わず嫌いな子，見た目が嫌で食べない子，においだけで吐く子が少なくない。全く食べられない子や食べる意思のみられない子に対しては，スプーンや箸に食材を乗せ，唇につける，舐める，においを嗅ぐところから始める。それは食べていないことに等しいと思われがちだが，楽しい雰囲気を大切にしながら，少しでも「がんばろう」「食べてみようかな」と思えるようになるまで，保育者は四苦八苦しながらもそのこどもたちと向き合っている。

保育者が，そのこどもがなぜ食べないのかという気持ちがわかれば，長い目で見ることができ，少しの変化にも喜ぶことができる。その保育者の喜んだ顔を見て，こどもたちも喜び，思いに応えようとする。こどもはひとりで食べられるようになるのではなく，人との関わりの中から好き嫌いを識別していくのだと感じている。これまでの経験の中で，2・3歳児で食べられなくても，5歳児になったら食べられるようになっていくのは，その間で出会った人との関わり方が大きく影響していると感じている。であるがゆえに，保育者の役割や使命は大きいと感じる。

5）生活習慣の見直しをする

経験則ではあるが，偏食の多いこどもは食事中の姿勢が悪いこどもが多いと感じている。観察していると，食事中，背中が曲がり，前傾姿勢で皿を持たず

食べ始める。食べている途中は食べこぼしが多く，そのことに気付かず，自覚していないことが多い。食べ終わる時間には苦手なものが残り，机に寝そべったり，違う方向を見て箸を舐めたり，椅子に足を置いたりするこどももいる。集中力が短く，体幹の未熟なこどもに偏食が多いと感じている。

そこで，そのこどもとの一対一の関わりをできるだけもつようにして体を動かすことで自然と体幹を鍛えたり，遊びに夢中になれるように共に遊ぶようにしたりしている。

また家庭でも朝食をとっていなかったり，睡眠時間が短かったりするこどもにも偏食が見受けられる。そうした場合は，保護者にも園での様子を伝え，家庭における食事や睡眠・排泄などの生活習慣を尋ね，できるだけ正しいリズムがつくよう協力を仰ぐようにしている。

普段いらいらしてすぐ友だちを叩いたり，怒ったりするこどもにも偏食がみられることが多いので，よく咀しゃくするように促している。咀しゃく回数が増えることで脳細胞の代謝が盛んになり，脳の血流がよくなるため脳が活性化しやすいといわれている。また，脳にはストレスを不快な情報としてとらえる扁桃体があり，この部分の活動はしっかりと食べものを噛むことによってストレスが緩和されるともいわれている。

このように関わりを考え，日々積み重ねていくことで，食べることへの姿勢が変わってくることもあるので，園と家庭とが連携し，生活習慣を見直すことが重要だと考える。

6）個に対する援助と集団に対する援助を見直す

食に対する援助は，個に対する援助の一方で，集団に対する援助，すなわち学級経営にも大きく関与していると考える。言葉を換えると，クラスにおいて課題を抱えているこどもを，どのような眼差しで保育者が見ているのかを周囲のこどもたちは敏感に感じ取っているのである。仮に保育者が偏食や少食，食事に時間がかかる，食べこぼしが多いなど食に課題を抱えているこどもを「できない子」と「手のかかる子」とレッテルを貼った見方をしたとすると，その接し方にも影響が及んでくると感じる。

昔，小学校では，たとえ昼休みや掃除の時間になっても給食を完食するまでは教室に残されて食べさせられていた。筆者の幼いころも，ずっと牛乳が飲めずに，毎日，ひとり机に残されて，気まずそうに，しんどそうに飲んでいた男子がいたことを思い出す。その子が「うっ，うっ」と辛そうに少量を一口ずつ飲む一方で，他の子は下校準備をして先生の話を聞いていた。その子は「早く飲みなさい！」と毎日先生に叱られて，帰りの会の前になると顔が真っ青だった。先生の目には「手間のかかる子」「飲めない子」と映っていたので，周囲の子もその男の子に対して「がんばれ」という目線ではなく，かわいそうにと思う一方で，「飲めない子」「ダメな子」という目線で見ているように感じていた。そう考えると，普段からの保育者の援助が，そのクラス集団の中で立場の弱いこども・課題を抱えているこどもに対する見方や，その子の自己肯定感までをも規定するのではないかと感じる。

実際に，複数担任制やチームティーチングでない限り，保育者が牛乳を飲めないこどもや給食が食べられないこどもに付きっきりになるのは難しいと思われるので，クラス全体で応援してあげる雰囲気を築き上げることこそ必要なのではないかと考える。それができてくると，保育者もそのこどもと対峙することも少なくなり，周囲のこどもにもそのこどもに対して思いやる気持ちが生まれ，食に課題を抱えているこどもは応援されてがんばる気持ちが高まる，というような循環ができていくと思われる。保育者のそのこどもを肯定的に受け止める眼差しこそが，そのこどもだけでなく周囲のこどもを育てていくといえよう。

７）食に関する発達を知り，年齢に応じた適切な援助を行う

味覚の発達や，好き嫌いなどがどのようにして生じるのかという発達学的知見をもつことで，年齢に応じた適切な援助を行うことが大切である。

以下，味覚の発達と好き嫌いが生じる過程を示したので参考にしていただきたい。

これらのことを考慮すると，園や家庭において，こどもの好き嫌いを減らす工夫として次の３点が考えられる。

第2章　食育と保育をつなぐ保育者の援助について考える　*171*

●たくさんの食材を繰り返し食べることで「安心の味」として定着させる

●食事が楽しいと感じる環境づくりを心がける

●食べないからといって「嫌いなもの」と決めつけず，食卓に上らせる

【味覚の発達と好き嫌いが生じる過程】

乳児期

　人間が脳へ伝達できる味には甘味・塩味・酸味・苦味・うま味の5つがある。甘味・塩味・うま味を乳児に与えると，快の表情がみられる。これらは，人間が本能的に好む味であり，その多くは「好き」という感情と結び付いていく。

　一方，苦味に対しては不快の表情を表す。このことは，苦味を「毒」として感じるDNAに刻み込まれた感覚があるのではないかとする説もある。

2歳児前後

　「選り好み（picky）」や，「遊び食べ（fussy eating）」が始まる。同時期に「新奇恐怖症（food neophobia）」と呼ばれる初めて食べものを見たときに怖いと思う気持ちが生じることも，より食べず嫌いが始まる要因といわれている。これは，初めてふれる食べものに対し，自らの生命を守るために人間に備わっている本能である。

　また，こどもにとって初めての食べものだった場合，こどもの脳はこれまでに受けたことのない情報としてとらえてしまうため，「不快」と感じることが多い。

　これらにより，嫌いなものや初めて見る食べものが配膳されたときに，よけたり残したりする行動へとつながっていく。

幼児期

　3歳になるころから，「選り好み」「遊び食べ」「新奇恐怖症」を引きずりつつ成長していく。そして，発語やコミュニケーションの発達に伴い，「これは好き」「これは嫌い」と伝えられることにより「好き嫌い」として位置付けられるようになる。

幼児期以降

　味の経験の少ないこどもにとって，繰り返し同じ味を積み重ねることによって，「いつもと同じ味→安心→おいしい→好き」と判断基準を変えていくことにもつながっていく。ゆえに，幼児期に多くの食体験（味や触覚・雰囲気など）をさせることが，こどもの味覚の発達と「おいしい」と感じる感覚を養っていくのには重要だといわれている。

172 第Ⅲ部 食育と保育をつなぐ保育者の援助

8）保護者とともに心を合わせて取り組む

実践事例で述べたように，折あるごとに保護者と連絡を取り合い，園と家庭との情報交換を行うことが必要である。それを行うことで，そのこどもに対し，次にどのような方向で取り組んだらよいかを園と家庭とで共通理解することが可能となり，こども自身も混乱することが少なくなると思われる。

食に課題を抱えているこどもの保護者と個別に話し合うことは最も重要であるが，学級懇談会や給食参観・給食試食会・親子給食・食育セミナー等の機会をとらえて，資料を配布したり，話をしたりすることで，広く伝えることがこどもの食や子育てについて理解を深めることにつながっている（p.173学級懇談会資料参照）。

（執筆：１）～５）福谷純子，６）～８）濱名清美）

（2）ま と め

第Ⅰ部第3章-（3）で本園の教育・保育方針（p.27図Ⅰ-9）について述べたが，その柱とする4つの育ちを支える力として，本園では特に「乗り越える力」を大切に考えて保育を行っている。給食は"楽しく食べる"ことを第一に，「食べることが大好きなこども」になってほしいと願っているが，そこでも同様に「乗り越える力」を育んでいきたいと考えている。

例えば偏食については「無理に食べさせない」ことが一般的だと思われるが，本園では「ちょっとがんばって食べてみる」ことを基本としている。というのは，こどもが「嫌いなものは食べなくていいんだ」と思ってしまうと，それが「食べもの」だけにとどまらず，「するべきこと」や「ひと」にも波及していきかねないことを危惧するからである。困難な出来事や人間関係にぶつかったときに，踏ん張れない素地をつくってしまうことにならないよう，こどもの状態に合わせながら一口でもがんばって食べたときには認め，自信につながるように援助している。

実践を通して感じることは，食育と保育の援助とは，全く別物ではないということである。本園では，生活の中の乗り越える課題として，つまり，発達課

第2章　食育と保育をつなぐ保育者の援助について考える　173

好き嫌いを減らすための工夫

　こどもがなぜ食べ物の好き嫌いをするのかというと，初めてその食品の出会ったときの第一印象によることが多いと言われています。それも，臭いや味や食感はもちろんですが，色や切り方などの見た目に左右されることが大きいようです。
　以下偏食を少しでも減らすための工夫を挙げてみました。お子さんにあった方法を試してみてください。

● 食べなくても他のものを出さない ●

　偏食の原因の一つに，"食べなかったら代わりのものが食べられる"という家庭環境があります。
　嫌いで食べなかった時に，代わりのおかずを出したり，好きな食べ物のおかわりをさせたり，おやつを与えたりすると，こどもは「嫌いなものは食べなくていいんだ」と思ってしまいます。これは食事だけの問題ではなく，困難なできごとや頑張らなければならない時にふんばれない素地を作ってしまうことにもなりかねません。
　親の方にも根気と辛抱がいりますが，お子さんのことを思って「これだけしかないよ」と他のものを与えないように努めてください。そして，一口でも頑張って食べた時に十分認め，全部食べてからおかわりをするように促しましょう。

● 見た目を変えてみる ●

　嫌いな食べ物を細かくして，他の食べ物に混ぜてわからないようにして食べさせることもできます。例えば，カレーやハンバーグなどに混ぜ込むと，気が付かないで食べられることがあります。そのような状態でも食べることができれば「ぼくも食べられるんだ！」という自信につながっていきます。

● 環境を変えてみる ●

　こどもは一度食べてみてイヤと思ったものは，なかなか口にしてくれないでしょう・・・。
　それにいつも同じ見た目で出されると，すぐに嫌いなものだとわかってしまい，余計に食べられなくなってしまいます。
　そこで，家族でお弁当をもってでかけるときなど，嫌いなものをいれてみるのも一つです。楽しい雰囲気やいつもと違う弁当箱に思わずたべてしまうかもしれません。

● 「物語」で食べる ●

　例えばトマトが嫌いな子に「トマトさんが食べてって言ってるよ」と言葉がけをすることで，食べだすこともあります。特に，物にも命や感情があると思う"アニミズム"の年齢段階の2・3歳児には効果的です。

たべて〜

● 「知識」で食べる ●

　「背が高くなって，骨を強くするから牛乳を飲むもね」「野菜や果物を食べると風邪をひかないんだって」など，こどもにもわかりやすい知識を伝えることで，理解して頑張って食べる姿も見られます。これは年中児の後半以降に有効です。

● 一緒に「栽培」「買い物」「調理」を楽しむ ●

　こどもと一緒に野菜をプランターで栽培し，収穫・調理に携わらせることも偏食をなおすきっかけとなります。大切なのは，栽培したいもの，調理したいものをこども自身に決めさせ，一緒に買い物に行って選ばせることです。そうすることで，嫌いな野菜との距離感が縮まり，食べられるようになることも多いです。

参考：本園の学級懇談会資料（給食編）

題として「食」をとらえており，「食」を通して「保育」を考えている。

　また，偏食は家庭背景，すなわちこれまでの食体験や食環境が大きく影響していると思われる。しかし，そうした食の課題を抱えていたとしても，幼児期の特性として「食」を「楽しい」「興味がある」「わくわくする」というような保育の中で大切にされてきた援助を行うことで改善していくことが実践の中で明らかになってきた。それと同時に，そのことは「食育」においても保育者の専門性が非常に重要だということを示しているのだと感じられた。

　こどもの中に育てたい力は，自由遊び・一斉保育・食事など基本的生活習慣などぶつ切りに分けて身に付けさせるものではないと考える。すべてが生活であり，なおかつ保育であるととらえ，その中でいろいろな力が育まれていくということを心におきながらこれからも取り組んでいきたい。

② 保育現場で感じるこどもの食体験や食環境の変化

　近年，こどもを取り巻く「食」に関しての問題が取り上げられている。その特徴は「こしょく」として表され，孤食・個食・固食・小食・粉食・濃食などがあげられる。筆者は幼稚園教諭を十数年経験し，食べるのが遅い，好き嫌いが多い，偏食がある，少食などさまざまなこどもたちを見てきた。これらの背景には，前述した「こしょく」との関係も深いと思われる。しかし，それよりも大きな問題として取り上げたいことがある。それは，以下の２点である。

　一つは，「空腹感」「満腹感」を知らないこどもが増えてきたことである。近年，こどもたちから「おなかすいた」「おなかいっぱい」といった言葉がほとんど聞かれなくなった。筆者が幼少のころは，近所の何もない広場で夕方暗くなるまで夢中で遊んでいると，どこからか夕食の香りが漂ってきて，思わず「おなかすいたなぁ」と空腹感を感じ，我が家の夕食への期待を強めてくれたものである。すなわち，空腹感が食への期待となり，満腹感が食への満足となっていたのだと思い返される。

　一方，現在のこどもを取り巻く社会・環境は著しく変化している。例えば，

自宅から歩いてすぐの場所にコンビニエンスストアがあり，少し距離を延ばせばショッピングセンターがある。しかも早朝から深夜まで開店しているため，いつ何時でも行こうと思えば買い物や食事ができる時代である。

　また，身近な遊び場の減少や，こどもだけで遊べる安全な空間が喪失したことに伴い，こどもは大人と行動を共にすることが増えてきた。まさに現代のこどもたちは，こども社会ではなく大人社会の中で暮らしているといえよう。こうした状況の中にあっては，外出や外食は特別なハレの日の出来事ではない。少し乱暴な言い方をするならば，お金さえあればほしいものはいつでも手に入り，空腹感はすぐに満たすことができるのである。こうしたことが，日常的で習慣化しているのではないか。

　もうひとつの問題は「団欒の場」の減少である。ショッピングモールや外食店でよく見かける光景だが，せっかく家族で食事に来ているにもかかわらず，食べるものもばらばらで，個々の食事が済むと，こどもはキッズスペースで遊んでいたり，大人はスマートフォンに夢中であったり，一体何のために家族で食事に来ているのかと疑問に感じることがある。また，家庭の場においても，父親の帰宅が遅い，習い事によってきょうだいの食事の時間が異なる，母親は手早く食事を済ませ，キッチンで洗い物をしているといった状況も珍しくない。こうした中で家族団欒の場が失われ，まさに「孤食」の状態となっていることである。

　2014年12月に行われた第2次尼崎市食育推進計画に係る市民アンケート調査結果（図Ⅲ-1）によると，朝食をひとりで食べるこどもの割合が小学5年生で25.5％，中学2年生で49.2％，高校2年生ともなると半数を超え，63.1％に

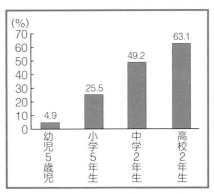

図Ⅲ-1　朝食をひとりで食べるこどもの割合

出典：第2次尼崎市食育推進計画に係る「市民アンケート調査」平成26年12月

も及ぶのである。驚くべきことに，5歳児でも4.9％のこどもがひとりで朝食をとっている現状がある。

　こうした状況を踏まえ，国が掲げる第3次食育推進基本計画では「朝食または夕食を家族と一緒に食べる共食の回数増加」を目標に掲げ，2020年までに朝食＋夕食を週11回以上とるよう具体的な数値を示している。昔ならば当然のように共に食卓を囲んでいたことが，今は国を挙げて取り組まねばならないほどの喫緊の課題となっていることに驚きを禁じ得ない。

　共食とは「同じ時間・同じ場所で一緒に食べる」ことが基本とされている。しかし，それが時間や場所の制約から物理的に困難な場合は，電話や電子メール・LINEなどを通じて，「今日は何を食べるの？」など食事の内容を伝え合うことも「共食」に通じるといわれており，家族がお互いの食生活に関心をもち合うことを意識するだけでも必要なことなのであろう。

　保育現場にいると，何気なく発するこどもの言葉や様子にはっとすることがある。「毎日，ごはんはラーメン」「寝坊して朝ごはん食べてない」「お母さんが寝ていてごはん作ってくれない」等々。朝から活力がわかず，床にごろごろと寝転ぶ姿や，話をしていても上の空で，ボーッと他児の遊びを傍観するこどもも見かける。反対に，いらいらして他児とけんかやいさかいなどトラブルを引き起こすこどももいる。ネグレクトなど状況によっては，こども家庭相談（児童相談所）につなげる場合もあるが，「共食」以前の問題の多さにも胸を痛めている。身近にこうした現状が起きていることは本園だけの問題ではないと考える。保育現場から垣間見えるこどもの食体験・食環境の危機は，どの地域・どの年齢・どの性別問わず，我が国全体に横たわっている問題であることは多言を要しない。

（執筆：難波義晴）

引用・参考文献

・尼崎市，第2次尼崎市食育推進計画　http://www.city.amagasaki.hyougo.jp/si_kangae/si_keikaku/16127/050keikaku.html

第2章　食育と保育をつなぐ保育者の援助について考える　*177*

- 農林水産省，第3次食育推進基本計画，2016
- 大瀬良知子，兵庫県私立幼稚園協会主催研修会「栄養学と食育」レジュメ，2016年12月16日
- 小川雄二，こどもの栄養，1997年12月号
- 幼稚園じほう，特集「食育を考える」，全国国公立幼稚園園長会，2005年9月号
- 幼稚園じほう，特集「食育により育つ子どもたち」，全国国公立幼稚園園長会，2010年7月号

第Ⅲ部　食育と保育をつなぐ保育者の援助

第3章　幼稚園教育要領，保育所保育指針，幼保連携型認定こども園教育・保育要領の改訂（改定）の中での「食育」

　第Ⅲ部第2章❷ (p.174)で述べたように，食体験や食環境だけを見ても，こどもを取り巻く状況は今までとは大きく異なる様相を呈している。そこで，2017年，幼稚園教育要領，保育所保育指針，幼保連携型認定こども園教育・保育要領の見直しが行われ，改訂（改定）に至った。

　以下，それぞれの要領や指針の中で取り上げられている「食育」に関連する条文の新旧の比較や，法令同士の比較について考えていく。

幼稚園教育要領の改訂について

（1）幼稚園教育において育みたい資質・能力

　「幼稚園教育要領」は教育課程編成のための基本となるものである。幼稚園教育は学校教育の始まりとして，小学校以降の学校教育へと接続していくために，そして，これから大きく変動していく未知の状況にも対処していける力を育んでいくために，以下の「資質」や「能力」が求められている。これらは，第1章総則で詳しく取り上げられている。

　育くみたい資質・能力の3つの柱は，「知識及び技能の基礎」「思考力・判断力・表現力等の基礎」「学びに向かう力，人間性等」であり，幼児教育でそれらの基礎を培うことが大切であると述べられている。

（2）幼児期の終わりまでに育ってほしい姿

　「幼児期の終わりまでに育ってほしい姿」とは，3歳から5歳児後半に特に

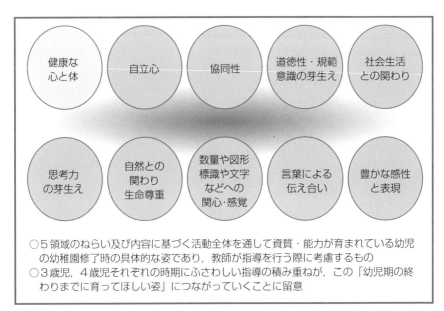

図Ⅲ-2　幼児期の終わりまでに育ってほしい姿

伸びていく5領域の内容を10の姿として整理したものである（図Ⅲ-2）。これは幼稚園のみならず，保育所あるいは認定こども園においても0歳児からの長い育ちを通して，幼児期の終わりにまで育ってほしい姿として，幼児教育施設全体の質の向上を図っていくための指標であるといえる。

　資質・能力は5領域の「ねらい」に反映され，「内容」に示された活動の中で育ち，小学校以降のこどもの成長していく姿として示されている。幼児教育は環境を通しての教育であり，小学校以降は教科学習となっていくが，10の姿は，幼児期の終わりからその先へと発展していく様子を表している。

（3）幼稚園教育要領の中での「食育」

　改訂された幼稚園教育要領では，第2章　領域「健康」において食育が取り上げられている。

180　第Ⅲ部　食育と保育をつなぐ保育者の援助

【第2章　領域「健康」2「内容」の新旧比較】
旧（5）先生や友達と食べることを楽しむ。
新（5）先生や友達と食べることを楽しみ，食べ物への興味や関心をもつ。

　傍点部が新たに付け加えられた文言であり，そこから「食育」が旧幼稚園教育要領に比べて強化されていることがうかがえる。

　「内容」の（5）では，「食べ物への興味や関心をもつ」ことが入り，先生や友だちと食事を楽しみながらも，食べる食材に関して興味や関心をもつことの重要性を説いている。

【第2章　領域「健康」3「内容の取扱い」の新旧比較】
旧（4）健康な心と体を育てるためには食育を通じた望ましい食習慣の形成が
　　　大切であることを踏まえ，幼児の食生活の実情に配慮し，和やかな雰囲気の
　　　中で教師や他の幼児と食べる喜びや楽しさを味わったり，様々な食べ物への
　　　興味や関心をもったりするなどし，進んで食べようとする気持ちが育つよう
　　　にすること。
新（4）健康な心と体を育てるためには食育を通じた望ましい食習慣の形成が
　　　大切であることを踏まえ，幼児の食生活の実情に配慮し，和やかな雰囲気の
　　　中で教師や他の幼児と食べる喜びや楽しさを味わったり，様々な食べ物への
　　　興味や関心をもったりするなどし，食の大切さに気付き，進んで食べよう
　　　とする気持ちが育つようにすること。

　「内容の取扱い」の（4）では，「食の大切さに気付き」が加えられている。改訂では，食べものへの興味や関心だけにとどまらず，食が大事であるということへの気付きが「食育」の目指すこととして明示されている。

　すなわち，食べものを身近に感じることで，興味や関心をもち，進んで食べてみたいと思うようになり，「食育」を通じて，「食の大切さに気付く」ことが，こどもたちの「健康な心と体を育てる」ことにつながっていくと述べられている。

保育所保育指針の改定について

（１）新旧の保育所保育指針の大きな違い

　2008年改定の「保育所保育指針」では，年齢に関係なく「健康」「人間関係」「環境」「言葉」「表現」の５領域にまとめられていた。ところが2008年以降実際に運用してみると，０～３歳未満児と３～５歳児とでは発達に異なる部分が多く，特に乳児を同じ５領域でとらえようとすると無理があることがわかってきた。具体的には，０歳児の５領域「言葉」は，まだ喃語であったり，不明瞭であったり，発達をどう評価してよいのかがわかりづらかった。同様に０歳児の５領域「人間関係」についても，限定された保育者や保護者に限られており，同じ０歳児と友だち関係を広げることなどは考えにくく，評価の基準がとらえにくかったのである。それは，５領域「健康」においても同様であった。

　そこで，2017年の改定では，０歳児は発達が未分化な状況にあるため，ひとつしかなかった年齢区分を乳児，１歳以上３歳未満児，３歳以上児の年齢区分に分けて見直しが行われた。さらに，乳児については５領域ではなく，「３つの視点」から「ねらい及び内容」を考えていくことになった。「健やかに伸び伸びと育つ」「身近な人と気持ちが通じ合う」「身近なものと関わり，感性が育つ」の３つである。これらの３つの視点は，３歳以上児になったときの「健康」「人間関係」「環境」「言葉」「表現」の５領域の基礎となっていくものである。幼児の発達につながる乳児の育ちは，まさしく人が育ちゆくベース，核となるべきものであり，特に手厚い「養護」すなわち，愛着形成のための特定の保育者との愛情が必要不可欠である。そのためにも乳児に対して，保育者は，３つの視点に示されているように，乳児も主体的に育つ存在であることを意識して，「応答的」かつ「受容的」に関わっていかなければならない。乳児が快・不快を含め，何かを伝えようとするときには，それに応答し，乳児の気持ちを察して「おなかすいたね」「おいしいね」「楽しいね」など受容的に接することで，さらに何かを伝えようとする意欲が伸びていく。こうしたインタラクション

182　第Ⅲ部　食育と保育をつなぐ保育者の援助

（相互作用）により保育者と乳児の間には深い愛着関係が築かれ，健やかに伸び伸びと育っていくのである。

　このように，これまでの「保育所保育指針」では，やや不十分であった０歳児や１歳以上３歳未満児の保育のねらいや内容について記述を充実させたことが2017年改定の大きなポイントであるといえる。

（2）　保育所保育指針の中での「食育」

1）乳児保育の中での「食育」

【第2章1　乳児保育に関わるねらい及び内容】

ア　健やかに伸び伸びと育つ

ね　ら　い　③食事・睡眠等の生活のリズムの感覚が芽生える。

内　　　容　③個人差に応じて授乳を行い，離乳を進めていく中で，様々な食品に少しずつ慣れ，食べることを楽しむ。

内容の取扱い　②健康な心と体を育てるためには望ましい食習慣の形成が重要であることを踏まえ，離乳食が完了期へと徐々に移行する中で，様々な食品に慣れるようにするとともに，和やかな雰囲気の中で食べる喜びや楽しさを味わい，進んで食べようとする気持ちが育つようにすること。なお，食物アレルギーのある子どもへの対応については，嘱託医等の指示や協力の下に適切に対応すること。

2）1歳以上3歳未満児の保育の中での「食育」

【第2章2　1歳以上3歳未満児の保育に関わるねらい及び内容　「健康」】

ね　ら　い　③健康，安全な生活に必要な習慣に気付き，自分でしてみようとする気持ちが育つ。

内　　　容　④様々な食品や調理形態に慣れ，ゆったりとした雰囲気の中で食事や間食を楽しむ。

内容の取扱い　②健康な心と体を育てるためには望ましい食習慣の形成が重要であることを踏まえ，ゆったりとした雰囲気の中で食べる喜

第3章　幼稚園教育要領，保育所保育指針，幼保連携型認定こども園教育・
保育要領の改訂（改定）の中での「食育」

びや楽しさを味わい，進んで食べようとする気持ちが育つよ
うにすること。なお，食物アレルギーのある子どもへの対応
については，嘱託医等の指示や協力の下に適切に対応するこ
と。

３）３歳以上児の保育の中での「食育」

【第２章３　３歳以上児の保育に関するねらい及び内容　「健康」】

ね　ら　い　③健康，安全な生活に必要な習慣や態度を身に付け，見通しを
もって行動する。

内　　　容　⑤保育士等や友達と食べることを楽しみ，食べ物への興味や関
心をもつ。

内容の取扱い　④健康な心と体を育てるためには食育を通じた望ましい食習慣
の形成が大切であることを踏まえ，子どもの食生活の実情に
配慮し，和やかな雰囲気の中で保育士等や他の子どもと食べ
る喜びや楽しさを味わったり，様々な食べ物へ興味や関心を
もったりするなどし，食の大切さに気付き，進んで食べよう
とする気持ちが育つようにすること。

　上記のように，保育所保育指針では，「食育」に関しては，乳児では「様々
な食品に慣れるようにするとともに，和やかな雰囲気の中で食べる喜びや楽し
さを味わい，進んで食べようとする気持ちが育つようにすること」と明示され，
３歳未満児にはいつも同様のことが示されている。３歳以上児に関しては，幼
稚園教育要領では「先生」「教師」「幼児」という表現が，保育所保育指針では
「保育士」「子ども」と表記されている。そうした言葉の違いはあるものの，条
文は全く同じものとなっている点に注目したい。

（３）食育の推進について

　2017年に改定された保育所保育指針の中で特筆すべきことは，第３章「健康
及び安全」において，基本として次の４点があげられていることである。

1　子どもの健康支援

2　食育の推進

3　環境及び衛生管理並びに安全管理

4　災害への備え

1）子どもの健康支援

「1　子どもの健康支援」「（3）疾病等への対応」の中で以下のように明記されており，増加傾向にある食物アレルギー児への対応の必要性と専門性が喫緊の課題であることがうかがえる。

【第3章1　「（3）疾病等への対応」】

　アレルギー疾患を有する子どもの保育については，保護者と連携し，医師の診断及び指示に基づき，適切な対応を行うこと。また，食物アレルギーに関して，医療機関と連携して，当該保育所の体制構築など，安全な環境の整備を行うこと。看護師や栄養士等が配置されている場合には，その専門性を生かした対応を図ること。

食物アレルギーのある乳幼児への対応については，2011年3月に策定された厚生労働省の「保育所におけるアレルギー対応ガイドライン」を併せて参考にしていただきたい。

2）食育の推進

2008年の改定では，保育所における食育が重視されていたが，2017年の改定ではそれをさらに進めて充実させることが掲げられている。これは，厚生労働省は「保育所における食事の提供ガイドライン」を，農林水産省は「第3次食育推進基本計画」をすでに策定しており，それらを活かしながら保育所保育指針ではさらに食の大切さを推進しようとするものである。改定された保育所保育指針では，以下のように「（1）保育所の特性を生かした食育」や「（2）食育の環境整備等」が大切であることを明示している。

第3章　幼稚園教育要領，保育所保育指針，幼保連携型認定こども園教育・保育要領の改訂（改定）の中での「食育」　*185*

【第3章2　「食育の推進」】

（1）保育所の特性を生かした食育

　　ア　保育所における食育は，健康な生活の基本としての「食を営む力」の育成に向け，その基礎を培うことを目標とすること。

　　イ　子どもが生活と遊びの中で，意欲をもって食に関わる体験を積み重ね，食べることを楽しみ，食事を楽しみ合う子どもに成長していくことを期待するものであること。

　　ウ　乳幼児期にふさわしい食生活が展開され，適切な援助が行われるよう，食事の提供を含む食育計画を全体的な計画に基づいて作成し，その評価及び改善に努めること。栄養士が配置されている場合は，専門性を生かした対応を図ること。

（2）食育の環境の整備等

　　ア　子どもが自らの感覚や体験を通して，自然の恵みとしての食材や食の循環・環境への意識，調理する人への感謝の気持ちが育つように，子どもと調理員等との関わりや，調理室など食に関わる保育環境に配慮すること。

　　イ　保護者や地域の多様な関係者との連携及び協働の下で，食に関する取組が進められること。また，市町村の支援の下に，地域の関係機関等との日常的な連携を図り，必要な協力が得られるように努めること。

　　ウ　体調不良，食物アレルギー，障害のある子どもなど，一人一人の子どもの心身の状態等に応じ，嘱託医，かかりつけ医等の指示や協力の下に適切に対応すること。栄養士が配置されている場合は，専門性を生かした対応を図ること。

③　幼保連携型認定こども園教育・保育要領の改訂について

（1）幼保連携型認定こども園の教育・保育要領の中での「食育」

　2017年に改訂された幼保連携型認定こども園教育・保育要領では，保育所保育指針と同様に乳児，満1歳以上満3歳未満児，満3歳以上児の3つの年齢区分に分けて見直しが行われた（ここでは，年齢に「満」が付されている点は保育所保育指針とは異なる）。さらに，乳児は，5領域ではなく，「3つの視点」

から「ねらい及び内容」を考えていくことになった。
　具体的な条文の内容は，「嘱託医」が「学校医」に，「保育士」が「保育教諭」にという若干の言葉の違いはあるが，保育所保育指針に準じたものとなっている。

（2）食育の推進について
1）子どもの健康支援
　2017年に改訂された幼保連携型認定こども園教育・保育要領では，保育所保育指針と，ほぼ同じ条文となっている。
2）食育の推進
　2017年に改訂された幼保連携型認定こども園教育・保育要領では，保育所保育指針と異なる点がある。それは，保育所保育指針では，（1）保育所の特性を生かした食育や，（2）食育の環境整備等が大切であることを分けて明示していたが，幼保連携型認定こども園教育・保育要領では分けずに5項目があげられていることである。内容は「子ども」が「園児」という表現の違いだけで，ほぼ同じ条文となっている。

3法令の改訂（改定）を受けて，これからの「食育」を考える

　それぞれの要領・指針では文言等の若干の違いはあるものの，内容的には楽しく食べることを基本におきながら，食育をさらに推進していくことが示されている。これらが「健康」という領域に掲げられていることからも，こどもが健康に育っていくうえで，食育は必要不可欠なものであるといえよう。
　2018年に示された「幼稚園教育要領解説」の領域「健康」のp.180に示した内容（5）の解説には，「本来，食べることは，人が生きていくために必要なことである。幼児は，十分に体を動かして遊び，空腹感を感じるからこそ，食べ物を食べたときに，満足感を心と体で味わう」と述べられている。保育現場で感じるこどもの食体験や食環境の変化として「空腹感」「満腹感」を知らな

いこどもが増えてきたことを取り上げたが(p.174参照)，「空腹こそ最大の調味料」といわれるように，体をしっかりと動かし，空腹感を感じてこそ，食事をおいしいと思うことができると考える。そして得られた満腹感が食への満足につながり，心が満たされていくのである。

3法令では，内容の取扱いに「健康な心と体を育てるために」と表記されており，「心」と「体」は密接な関係にあり，連動していることがうかがえる。「食」への興味・関心をもち，一緒に楽しく食べることで，「心」も「体」も満たされることによって，遊びや生活が豊かになっていくと考える。

また，前述の「幼稚園教育要領解説」では「自分に温かく接してくれる教師と一緒に食べることで，幼児は，くつろぎ，安心して食べるようになっていく」とも述べられている。それらを経験するからこそ，一層食べることを楽しむようになっていくのである。そのため，園生活でのさまざまな機会を通して，こどもたちがみんなで食べるとおいしいという体験を積み重ねていけるようにすることが大切であり，そこでの保育者の果たすべき役割は大きいといえる。

一方で，栽培活動やクッキング保育・調理員との関わりなどを通して，食べものやそれらを作る過程や人たちの苦労を知ることで，食べものへの興味や関心をもち，日常の食事を大切にする心が育まれていくことも併せて考えていくことが重要である。

改定保育所保育指針，および改訂幼保連携型認定こども園教育・保育要領の中の「食育の推進」においては，「保護者や関係者との連携した食育の取組」の必要性が述べられている。食生活の基本は，まず家庭で育まれることから家庭との連携は大切であり，子育て支援も視野に入れた食育のための環境整備とともに，適切な援助が行われるよう食育を指導計画に位置付けることが，これからますます重要になってくると考える。

本園の実践は拙い取組みではあるが，2017年の3法令の改訂（改定）のねらいや内容に則したものであり，今進めている方向性は間違ったものではなかったと改めて感じている。しかしながら，今後の課題として，「幼稚園教育要領」に則ったカリキュラム・マネジメントを行い，本園の教育課程の見直し

188　第Ⅲ部　食育と保育をつなぐ保育者の援助

をしていかねばならない。併せて，これから大きく変動していく未知の状況に
も対処していける力を育んでいくための「資質」「能力」の発揮・伸長を見据え，
「幼児期の終わりにまで育ってほしい10の姿」として具体的に策定していくこ
とも課題であり，これらを手がかりとしながら，こどもたちの健やかな育ちを
支えられるよう「食育」と「保育」をつなぐ試みを今後も実践していきたいと
強く感じる。

参考文献

- 内閣府・文部科学省・厚生労働省，幼保連携型認定こども園教育・保育要領・幼稚
  園教育要領・保育所保育指針　中央審議会資料，2017年7月
- 無藤隆・汐見稔幸・砂上史子，ここがポイント！3法令ガイドブック，フレーベル
  館，2017
- 汐見稔幸，さあ，子どもたちの「未来」を話しませんか，小学館，2017
- 厚生労働省雇用均等・児童家庭局保育，保育所保育指針の改訂について，2017年7
  月
- 幼稚園教育要領の改訂について
  www.hyogo-c.ed.jp/~gimu-bo/youtien/kyouikukatei/youpo.pdf
- 厚生労働省，保育所におけるアレルギー対応ガイドライン，2011年3月
- 厚生労働省，保育所における食事の提供ガイドライン，2012年3月
- 農林水産省，「第3次食育推進基本計画」啓発リーフレット，2017
- 文部科学省初等中等教育局視学官　湯川秀樹，幼稚園教育要領の改訂について－
  改訂のポイントと解説－，教員養成校と私立幼稚園との懇談会講演資料，2017年
  5月29日
- 新指針・要領をふまえて保育者によるカリキュラム・マネジメントを考える，日本
  保育学会近畿ブロック　共催環太平洋乳幼児教育学会日本支部，2018年2月17日
  研究会レジュメ
- 文部科学省，幼稚園教育要領解説，2018

| 終章 | 本園のこどもの食の様子と給食の変遷 |

以上，こどもたちが自ら進んでいろいろな食材や献立を食べていけるようになることで，人間関係や活動により積極的に関われるようになることを目指して，保育・食育（給食）・家庭の縦糸と横糸を紡ぎ直し，構造を変えていく試みの過程を報告した。

最後に，本園のこれまでの「食」に関する出来事を振り返って，論を閉じることをお許しいただきたい。地方都市のありふれた園の「歴史」でしかないが，30年以上本園に関わってきた者として，その変遷を振り返ることも，これからの「食育と保育」をつなぐひとつのヒントになるのではないかと考えるからである。

1980年代の本園のこどもの食の様子

本園は1968（昭和43）年に幼稚園として創立した，大阪市に隣接する兵庫県尼崎市北部に位置する幼稚園型の認定こども園である。筆者が結婚を機として夫の実家である本園に幼稚園教諭として勤務し始めたのは，今から30年以上も前の1985（昭和60）年4月のことだった。そのころ本園は「尼崎＝工業地域」というイメージとは程遠いカエルの大合唱の聞こえる田園風景の残る住宅街の中にあった。

本園は開学当初より給食室で自園給食を行っており，私が着任したころはすでに完全給食が定着していた。当時の給食の献立は和食中心で，「炊き込みごはん」「汁もの」「副菜」といったパターンが多かった。「主菜（おかず）」の味

で口中調味しごはんを食べるというより，味付きのごはんで主食と主菜の両方を兼ねていたのである。そうした食べやすさもあってか当時は極端な偏食のあるこどもは珍しく，給食で手がかかることというと，少食等で食べるのに時間を要するこどもが若干みられるくらいだった。このころの給食は，カロリー計算や栄養バランス，塩分等も現在のように細かい基準や制限によって縛られておらず，こどものおなかを満たせば保護者も納得されるような時代だった。

1990年代の本園のこどもの食の様子

このころになると，冷凍食品が給食食材としても普及したことも相まって，手狭な給食室の大量調理にも対応できるようになってきた。そこで，主食・主菜・汁もの・副菜のいわゆる「４つのお皿」の献立が可能となってきた。以前の給食とは格段に取り扱う食材数も多くなり，肉類等たんぱく質の摂取量も増え，キウイフルーツなどの新たな食材も献立に上がるようになってきた。しかし，揚げものやハンバーグなどの洋風献立に偏りがちで，パン給食（食パン・バターロール）の日も週１〜２回はあった。ヨーグルトなども普及し，フルーツと合わせた「フルーツヨーグルト」もデザートとして献立に上がるようになった。

家庭でも同様に洋食化・簡便化が進み，食事だけでなくおやつもスナック菓子など油脂類の比率が高くなり，肥満傾向のこどもも目立つようになった。それに付随して味の濃いもの，こってりしたものを好む傾向から，味の薄いものや，野菜類・魚類に対する偏食が増えてきたように感じられた。

しかしながら，保護者の気持ちとしては偏食をできるだけなくしてほしいと願う方が多く，「がんばって食べさせてください」と要望されることが一般的だった。

1990年前後より，食物アレルギーという言葉が聞かれるようになり，簡単な除去・代替食を尼崎市の幼児教育施設としては，いち早く取り組んできた。具体的には，当時２大アレルゲンといわれていた卵・牛乳に関して，「かき玉

終章　*191*

汁」なら卵を入れる前の澄まし汁を取り分けて提供し、牛乳の代わりに「オレンジジュース」を、「プリン」の代わりに「オレンジゼリー」を代替するといったことを行っていた。そのころはアレルギーに対する医学的な知見が今ほど解明されておらず、医師の診断書に基づく対応食ではなく、保護者の申し出に応じて対応していることが多かった。自己申告であるがゆえ、保護者の思い込みや、知識の拡大解釈などもあったのではないかと思われる。

　現在指定されているアレルギーに関しても、花粉と果物・野菜との関係などは解明されておらず、特定原材料7品目[27]と特定原材料に準ずるもの推奨20品目[28]などは特定されていない時代だったため、キウイフルーツなども頻繁に取り扱っていた。アレルギーの指導に関しても、混入させてはいけないという思いから、他のこどもに説明する場合もアレルゲンを悪者扱いすることが多かったように思う。現在は、「寛解[29]」という概念があるので、決して原因物質を「毒」「悪者」扱いをせず、「今は食べられないけれど、よくなれば食べられるようになるおいしいもの」としてアレルギーに対する理解を深め、他児が代替食をうらやましがったり、自分の嫌いなものをアレルギー児の皿に入れてしまったりするような2次的混入の危険性を避けるように指導している。また、皮膚についただけでもアナフィラキシー症状を起こす可能性のある場合は、台拭きを分けたり、机を分けたりすることも行っている。

2000年〜2012年ころの本園のこどもの食の様子

　徐々に夫婦共働き世帯が増え、幼稚園の預かり保育を長時間利用される方が

＊27　特定原材料7品目：加工食品・添加物について、重い症状を引き起こしやすい、あるいは症例数が多い7品目、卵・乳・小麦・そば・落花生・えび・かにを「特定原材料」と定めて、省令で表示を義務付けている。

＊28　推奨20品目：あわび・いか・いくら・オレンジ・キウイフルーツ・牛肉・くるみ・さけ・さば・大豆・鶏肉・豚肉・まつたけ・桃・やまいも・りんご・ゼラチン・バナナ・ごま・カシューナッツ。

＊29　寛解：アレルギー症状が出なくなって食べられるようになることをさす。

増えてきた。加えて，祖父母との同居・近居家庭も減り，核家族化から食事作りに時間を割けられない家庭も多くなってきた。ひじきを見ると「黒い虫」と言う子，切干し大根を見ると「紐」と言う子なども出てきた。幼稚園の給食の献立で，それらを初めて目にする，口にするこどもも現れるようになった。家庭ではこどもの喜ぶカレー・ハンバーグ・スパゲッティなどが中心で，和食離れが徐々に進んできたように思う。またコロッケや唐揚げなどでき合いの惣菜を買って家で食べるといった，いわゆる「中食」が普通になってきた。振り返ると，共働きでこの時代に子育てをしていた我が家も例外ではなかった。

そうした社会的背景を受けてか，「食」に課題を抱えるこどもも多く見受けられるようになってきた。白いごはんしか食べられないといった発達障害に起因する味覚・視覚過敏による偏食や，アレルギーで食べられないといった特殊な場合は除いて，野菜をいっさい食べない子，肉を噛み切れない子，呑み込めずずっと噛んでいる子，自分でみかんの皮をむけない子なども珍しくなくてきたのである。入園してからしばらく経ち，給食が始まると登園を渋ったり，泣いて登園して来たりする光景も増えてきた。

以前は保護者に「なんとか少しずつでも嫌いなものが減るように」という構えが見受けられていた。しかし，次第に保護者自身の中で「なんとかしたい」という気持ちが薄れ，こどもの食に対して無関心であったり，諦めたり，幼稚園におまかせというスタンスへと変わってきたように感じていた。

こどもの食に対しても以前のような熱心さは薄らぎ，「偏食があっても無理に食べさせなくてもよい」という傾向に変わってきた。実際にこのころは小学校の給食指導でも，休み時間まで残して食べ終わるまで着席させるのは「体罰」にあたるといわれるようになっていた。それよりも幼いこどもを預かる本園では，ひとり残して完食させるようなことは決してなく，保育者がそばにつきながらスプーンですくって「あと一口がんばれるかな？」と励ましたり，野菜の切れ端を箸でつかんで「おいしいよ」と口に運んでみたり，「舐めてみるだけでもいいから」と提案してみたり，食の幅が少しでも広がるようにと根気強く関わっていくようにしてきたつもりである。しかし，こどもから「食べなくて

いいってママが言ってた。帰ったらドーナツ買ってくれるって」という言葉を耳にしたときは，なんともやるせない気持ちになったのも事実である。

このころの本園は，春・夏・冬休みといった長期休業日には給食を提供せず，預かり保育のこどもはお弁当を持参していた。忙しさもあるのだろうが，中にはカップ麺を持参したこどももいて驚いたことがある（安全面からお断りし，別のものを持ってきていただいたが）。

アレルギー児も増え，その対応内容も多岐にわたるようになった。例えば，油がアレルゲンのこどもは，炒めものはもちろんのこと加工食品のルウや調味料などに含まれている少量の油にも気を付け，気がかりなことがあれば，成分表示を保護者に見てもらったうえで，許可を取ってから使用するようにした。小麦アレルギーのこどもも多くなってきた。しかし，現在のようにアレルギー対応食材がほとんどなく，ましてやインターネットで探して発注できるようなシステムも構築されていなかったので，対応ができない場合などは，保護者にお弁当を持参するよう依頼することが少なくなかった。保護者の中には，できるだけ他のこどもたちが食べる給食に似せようと，焼きそばのときに糸コンニャクを使ったり，魚はメルルーサや，肉はカンガルーなどをどこからか入手され，調理して持たせる方もいた。卵や乳をアレルゲンとするこどもには，園で卵・乳なしの蒸しパンを作って提供することはできていたが，小麦アレルギーのこどもには，白飯を代替することしかできていなかった。現在は，米粉パンやコンニャク麺などの対応もできるように変わっている。

2012～2018年（本書出版当初）ころの本園のこどもの食の様子

筆者が栄養士の資格を取得し，幼稚園に復職してからは，これまでの給食の見直しを行い，給食調理員と保育者との仲立ちをしながら改革に取り組んできた。まずは，本園の給食のコンセプトを創生し，保護者アンケートから指摘を受けたことを真摯に受け止め，できることから始めていった。例えば，冷凍食品で揚げ物に偏りがちだった主菜を，煮もの・焼きものなどに変え，だしも粉

末だしから昆布・いりこ・かつお節(ぶし)・さば節など天然系のものに変えていった。魚の献立の回数を増やし，食肉加工品を減らしていった。野菜は旬のものや家庭ではなかなか手間がかかってできない献立を意識的に取り入れていった。

発達障害に対する知見も進み，偏食が見受けられるこどもの中には嚥下(えんげ)しにくいことがあったり，視覚優位[*30]からくる色や感覚過敏からくる味覚・触覚・温度に対するこだわり等から偏った食事になりがちであったりすることがわかってきた。そこで，当該児の食の様子を観察し，保護者と連携を取りながら，進め方をお互いに確認し合って取り組むようにしている。

アレルギーに関しても，アレルギー対応食品なども多種多様にわたるようになり，インターネットなどでも購入が可能となった。そのため，全く別の食品で代用していたものが，見た目をできるだけ似せて提供することが可能となった。園内でのヒヤリハット事例などから，システムの見直しを行い，園医の指導を仰ぎながら，アレルギーに関する書類を改善した。例えば，提供する食品に原因物質自体が含まれていなくても，同じ製造ラインで原因物質を含む他の食品が製造されている場合などにも注意が必要な場合もあり，詳しく医療機関や保護者に記入していただくようにしている。園長・栄養士・担任らと保護者とで，アレルギー面談を行い，直接話をするなかで，双方が理解して給食が進められるようにした。

また，担任以外の保育者がクラスに入ることもあるため，保護者の許可を取ったうえで，アレルギーバッジを肩につけるようにした。許可が取れず，バッジをつけられないこどもいるため，クラスにもアレルギーカードを吊り下げ，めくるとそのクラスにいるアレルギー対象児の

個人用アレルギーバッジ
(保護者の許可を得たうえで，肩につける。裏にアレルゲンを記載)

[*30] 視覚優位：目から入る情報（刺激）から理解することが多い傾向にあることをさす。

園児名と，アレルゲンとなる食品名が書いてあるようにした。

延長保育時にはクラス担任とは異なる保育者が担当となるので，同様に，アレルギーバッチの確認やアレルギー表をみながら，おやつの提供を行っている。また製造ラインも含めて，卵・小麦・乳など食物アレルギー特定原材料等27品目[*31]の原因食品の入っていない食品を選定し，アレルギー用おやつとして，専用ボックスを準備して提供するようにしている。

このように，保育の中で気が付いたことや，研修や見学・文献等を通して学んだことを，少しずつではあるが実践できるものから取り入れていっている。

クラス掲示用アレルギー表
（裏に園児名とアレルゲンを記載）

参考文献

- 消費者庁，アレルギー物質を含む加工食品の表示ハンドブック，2014年3月改訂

[*31] 特定原材料等27品目：特定原材料7品目に，特定原材料に準ずる食品（可能な限り表示することが推奨された食品）20品目を加えたもの（p.191参照）。

資料　食育と保育をつなぐ実践を行った後の保護者の感想
2015年度末学校評価アンケートより給食に関する記述を一部抜粋

給食・食育に関して

● 幼稚園の給食はとても素晴らしいです。メニューの名前もこどもが興味をもちやすく、どんな料理なのかいつもわくわくしています。

● いつもこどもたちの食育について熱心に考えてくださっていることがよくわかるメニューで感謝しています。「しらあえ」など家庭では箸もつけられなかったメニューを幼稚園では食べることができたと、こどもから聞きました。メニュー表を見て、味付けや食材の組み合わせを私が学べたので、家庭料理の参考にしていました。

● 四季折々の行事や給食を通して、こどもたちはさまざまな体験をし、日本の文化を知り興味や経験を重ねてきました。本当に素晴らしい園だと感じます。

● 家では嫌いで食べない食材でも、幼稚園では調理に工夫がされているので食べているようです。

● 武庫愛の園の給食はとてもよいと思います。こどもの食に関することがスムーズでなかった我が家では、さまざまな食材を使っていただき、栄養満点でおいしい給食に感謝しています。ありがとうございました。

● おいしい給食で、愛の園に入れてよかったと思います。上の子は小学校より幼稚園の給食のほうがよかったと言っています。

● 食べられる量を調節してくれていたので、こどもの負担が少なかったように思います。

● 全体的にさまざまなことが学べ、楽しみ、食することができて、また親子の時間もたくさん設けてくださっているのでとても感謝しています。

● アレルギーに対応してくださったり、旬のものや行事食などとても充実した給食でした。本当にありがとうございました。

● 食育にも力を入れていることがよい。

● 年長さんはスナップエンドウのすじ取りやふきのすじ取り、玉ねぎの皮むき、干し野菜作りなど給食さんのお手伝いをさせてもらえてとても喜んでいました。家でもすすんでお手伝いをしてくれるときもあり、園での体験が生きていると思います。

- さまざまな食材を使っていただいたので，こどもにとってよい体験となりました。
- 給食はとてもおいしいといつも言っていました。偏食だった子が今では野菜を積極的に食べています。感謝です！
- だしにこだわったり，行事食も用意してくださったり，とてもありがたかったです。
- 量なども配慮してもらえているので，苦手なものも全部食べられたと自信になっている。
- とってもおいしい給食です‼　栄養たっぷりだと思います。
- 本当にいろいろ工夫され，献立表を見ていても給食さんの熱意が伝わってきます。いつもありがとうございます。
- 親がなかなか行き届かない食育や季節の行事などに触れさせていただき，こどもから教わることも多いです。
- 園の給食でしか食べたことのないものを多く取り入れていただいて（季節のものなど）ありがたいです。
- 武庫愛の園は，給食の栄養面やお箸の持ち方など食育に力を入れているイメージ。
- 栄養バランスを考えた給食は，親として大変ありがたいです。また，季節ごとの食材を取り入れたり，食育にも力を入れたりと，一日の中で一番バランスのとれた食事を食べさせていただいてありがとうございます。
- 家では作りづらいメニューを提供していただきありがとうございます。
- 武庫愛の園は食育が充実しているイメージ。（多数）
- 武庫愛の園は給食がおいしい，栄養面もよいイメージ。（多数）
- こどもの成長が日に日に見えて入園させて本当によかったです。特に食育に力を入れておられるのが大変よいです。
- 家では好き嫌いの多い我が子も，給食は残さず食べて「今日は○○をおかわりしたよ！」と帰ってきます。レシピを教えていただきたいくらいです。
- 特に食事マナー（お箸の持ち方など）のしつけは，親のほうが教えられることがあったくらいでした。
- 給食や行事を通して季節を感じることができる。
- 野菜が苦手なのですが，給食で食べられるようになり，お家でもがんばってくれるようになりました。
- 給食がおいしくて大好きと言っています。
- 好き嫌い・少食で給食に苦戦しているようです。量を減らして完食を目指したり，

一口は食べようと促してくださったり，いろいろと手を尽くしてくださっています。少しはマシになった…と思います。

- 武庫愛の園は，給食のバランスがよく，マナー等も教えてくれる。
- 毎日給食を楽しみにしています。
- 好き嫌いが少なくなった。
- 家庭でなかなか調理しない食材をたくさん使っていただける給食，そして野菜をよく食べられるようになったこと，感謝でいっぱいです。
- 給食を園で手作りしていることも魅力的。
- とてもバランスのよい，食べやすい給食だと思います。
- 武庫愛の園は体力づくりや食事，発表会などすべてにおいて力を入れてくださっていると思います。親にとってもこどもにとっても，よいと思える幼稚園だと思います。
- 名前もすごく工夫されていて，メニューを聞くと「どんなのかな？」と親のほうも気になりますし，わくわくします。
- 家で野菜をあまり食べないので助かっています。

その他　改善次項

- 給食にはとても満足しています。ただホームクラスのおやつも可能であれば毎日手作りだと嬉しいです。
- 魚のフライで骨がのどにひっかかったことがあるようです。
- 給食に嫌いなおかずがあり，嫌がっていました。
- 歯磨き指導をきっちりさせてほしい。
- 給食の配膳のとき，テーブルの関係もあると思いますが，幼稚園ではお箸とスプーンをケースごと一緒に縦に並べていると思います。配膳のきまりなどにも興味をもち，家でも手伝って食器やお箸を並べたりと手伝ってくれますが，家ではお箸を一番手前に横に並べると「間違ってる！」とすごく怒ります。何度も説明しますが，本人は納得していない様子です。年少なので，ダブルスタンダードのような状況を理解するのは難しいのかもしれませんが，どうしたらよいか思案中です。

エピローグ

本園には4名の栄養士の資格を有した教職員がいる。

1名は養成校を卒業した後，栄養士一筋で本園の栄養管理と給食調理にあたっている子育て真最中のお母さん。

1名は栄養士として他園の給食業務に5年間携わった後，現在は本園に就職し，クラス担任として保育にあたっている保育者。彼女は保育園で栄養士として勤務していたが，こどもたちと接するなかでこどもと関わる楽しさや喜びを見出し，保育者になりたいという思いで一念発起し，保育者養成の専門学校に入り直し転職したという経歴をもつ。

もう1名は，栄養士養成の大学を卒業した後，やはり自分は保育者としてこどもに関わる仕事がしたいと保育専門学校に進学し，入職した者である。

そして，最後は筆者。結婚を機に幼稚園教諭として長年勤務していたが，こどもたちの食に対する危機意識と使命感により50歳を過ぎてから栄養専門学校に入学し，現在は栄養士としての資格をもちながら認定こども園の園長として教職員と共に日々取り組んでいる。

4名とも年齢も経歴もさまざまであるが，「栄養士」「給食調理員」「幼稚園教諭」「保育士」「保育教諭」という職種にとらわれず，こどもたちと関われる喜び，そして，こどもたちの成長を預かっているという使命感ややりがいがもてることを心より幸せに感じている。職種ではなくこどもたちへの思いはみな同じであるといえよう。これら4名以外の保育者も給食調理員もむろん同様である。これからもこどもたちへの思いをひとつに「食育と保育をつなぐ」ということを目指して，教職員一同，日々研鑽に努めていく所存である。

200 エピローグ

　本書では，極端に偏食のあるこどもの性格・行動傾向の調査結果から，嫌いだからといって逃げたり，向き合わなかったりすると，食べるものだけにとどまらず人間関係や活動に取り組む姿勢や構えにもつながっていることが示唆された。すなわち，これは食べられない，嫌いと拒み，閉ざすことで遮断してしまっている世界があるのではないか。換言するならば，少し挑戦してみることによって知っていく世界や感動もあるのではないかと思われる。食の幅が広がることで，生活に潤いが生まれ，人生の幅も広がるというと言い過ぎに受け取られてしまうかもしれない。しかし，こどもが安定した人間関係を築き，自ら遊びや活動に取り組んでいくためにも，嫌いなものでもそれを克服していく力を育むことが，こどもの豊かな育ちを保障していくことにつながるのではないかと考える。これらはまさしく「非認知能力」を育む力であると信じる。

　本書で述べてきたように，今までは「保育」と「給食・食育」と「家庭」とが，そして「保育者」と「栄養士・給食調理員」と「保護者」とが並列的に存在し，それぞれの持ち場でそれぞれの役割を果たすだけであった。それら三者をつなげ，つながっていくためのジョイントとしてこどもをまん中において考えることで，少しずつではあるがそれらを結んでいくことができてきた。換言するならば，筆者ではなく「こども」がすべてをつなぐ「キーパーソン」だったのである。

　そのこどもたち一人ひとりへの幼児理解を深め，援助の振り返りを行うことで，評価につなげ，こどもの育ちを「保育者」と「栄養士・給食調理員」と「保護者」とで共有することの必要性を感じている。そのためにもドキュメンテーションやブログなどを活用した実践記録の可視化を行い，三者がチームとして学び合い，高め合う関係性を強化していくことが今後のさらなる課題であることを感じる。そして，その土台を基にして「地域」の方々をも含めた関係が構築できるよう努めていきたい。

　最後に，本書の出版に際し細やかにご指導くださいました東京学芸大学名誉教授小川博久先生，出版化にご尽力くださり常に支えていただきました株式会

社建帛社の代表取締役社長筑紫和男様，取締役編集部長根津龍平様に心より感謝申し上げます。

　また，園内において食育と保育をつなげ，実践し，文章にまとめ上げるプロジェクトチームとして協力をいただいた岡法子教頭先生，難波義晴先生，松岡護先生，福谷純子先生，山城妙子先生をはじめ，こどもと共に実践した記録を綴ってくださった鮫島沙織先生，梅田陽子先生，安居真樹子先生，黒木佳奈先生，西谷彩先生，給食や食育の改善に力を貸してくださった栄養士の福田幾代さん，調理師の中村るみ子さん，給食調理員の皆様，調査や実践に協力してくださった本園および姉妹園の先生方，保護者の皆様，私に栄養士としての学びを与えてくださった兵庫栄養調理製菓専門学校の先生方，すべての方にお礼申し上げます。

さくいん

〔あ～お〕

アクティブラーニング ……… 54
足踏み脱穀機 ……………… 65
アナフィラキシー ………… 191
アレルギーカード ………… 194
アレルギー対応食品 ……… 194
アレルギーバッジ ………… 194
アレルギー面談 …………… 194
生きた教材 ………………… 83
育苗 ………………………… 60
稲刈り …………………… 60, 63
インタラクション ………… 181
栄養管理 …………………… 12
エビデンス ………………… 145
エピペン …………………… 26
応答的 …………………… 54, 181
大型模型 …………………… 97
オノマトペ ………………… 73
親子給食 …………………… 104
親子ふれあい時間 ………… 111
温度管理 …………………… 80

〔か・き〕

学級経営 …………………… 169
学校給食法 ………………… 83
学校評価 …………………… 12
カリキュラム・マネジメント
 …………………………… 187
カルシウム ………………… 94
寛解 ………………………… 191
感覚過敏 …………………… 194
簡便化 ……………………… 190

管理栄養士 ………………… 4
キーパーソン …………… 4, 42
基本五味 …………………… 44
給食衛生管理マニュアル …… 81
給食参加保育 ……………… 104
給食参観 …………………… 104
給食試食会 ………………… 104
給食当番活動 ……………… 41
給食の３つのコンセプト
 ……………………… 13, 15
給食のおばちゃんのお手伝い
 …………………………… 32
給食バイキング …………… 104
共食 ………………………… 86
協同的 …………………… 51, 54
緊急災害時対応マニュアル … 81

〔く～こ〕

空腹感 ……………………… 157
クッキング ………………… 11
食わず嫌い ………………… 108
健康増進法 ………………… 80
口中調味 …………… 167, 190
こしょく …………………… 174
子育て支援 ………………… 187
こどもの主体性と保育者の指導
 性とのバランス ………… 155
5 領域 …………………… 179, 181
献立表 ……………………… 74

〔さ〕

栽培活動 …………………… 11
サイモンズ式分類 ………… 132

雑草園プロジェクト ……… 68
三角食べ …………………… 167
残食調査 …………………… 20
産地証明書 ………………… 73
残留農薬 ………………… 14, 73

〔し〕

視覚過敏 …………………… 2
視覚優位 …………………… 194
自己管理能力 ……………… 28
自己肯定感 ………………… 170
自己効力感 ………………… 11
自己有用感 ………………… 11
資質・能力 ………………… 178
持続可能 …………………… 11
下処理 ……………………… 34
実践知 ……………………… 56
しめ縄作り ……………… 60, 67
10 の姿 …………………… 179
受容的 ……………………… 181
小学校への接続 …………… 166
除去・代替食 ……………… 190
食育カウンセリング …… 14, 106
食育基本法 …………… 27, 28
食育クッキングセミナー … 109
食育指導で取り上げた内容 … 84
食育セミナー ……………… 108
食育の５項目 …………… 28, 29
食育の推進
 ……… 183, 184, 185, 186, 187
食育の達成目標 …………… 86
食環境 ……………………… 168
食経験 ……………………… 168

さくいん　*203*

食事中の姿勢 ……………… 168
食物アレルギー ………… 2, 190
食物アレルギー対応マニュアル
………………………………… 81
食物繊維 ……………………… 89
食物選択能力 ………………… 28
食物連鎖 ……………………… 51
食歴 ………………………… 162
代掻き ………………………… 60

〔す〜そ〕

推奨20品目（食物アレルギー）
………………………………… 191
炊飯 …………………… 60, 64
睡眠 ………………………… 169
好き嫌いが生じる過程 …… 170
スチームコンベクションオーブ
ン …………………………… 18
製造ライン ………………… 194
精米 …………………… 60, 64
相互作用 …………………… 182
咀しゃく ……… 3, 67, 129, 169

〔た〜と〕

第2次尼崎市食育推進計画
………………………………… 175
第3次食育推進基本計画 …… 176
第6の栄養素 ………………… 89
体幹 ………………………… 169
大量調理施設 ………………… 80
大量調理施設衛生管理マニュア
ル …………………………… 80
対話する力 …………………… 56
田植え ………………… 60, 62
脱穀 …………………… 60, 64
縦割り保育 …………………… 24
食べこぼし ………………… 169
食べる意欲 ………………… 157
玉ねぎの絞り染め …………… 37
単独調理操作 ………………… 72
田んぼプロジェクト ………… 60
団欒の場 …………………… 175
チームティーチング ……… 153
地産地消 ……………………… 73

テクスチャー ………………… 72
天然だし ……………………… 14
天日干し …………… 60, 64, 65
ドキュメンテーション …… 112
特定給食施設 ………………… 80
特定原材料7品目 ………… 191
トレーサビリティ …………… 73

〔な〜ね〕

中食 …………………………… 17
二次的混入 …………………… 26
乳糖不耐症 ………… 18, 19, 95
ネグレクト ………………… 176
年間食育指導計画 …… 20, 28, 30

〔は・ひ〕

バイキング形式 …………… 166
排泄 ………………………… 169
育みたい資質・能力 ……… 178
HACCP ……………………… 80
干場 …………………………… 64
箸指導 ………………………… 96
畑プロジェクト ………… 51, 53
PDCAサイクル …………… 115
非認知能力 ………………… 200
肥満傾向 …………………… 190
ヒヤリハット事例 ………… 194
ひょうご安心ブランド米 …… 14

〔ふ〜ほ〕

ブログ ……………………… 113
偏食と遊び方 ……………… 127
偏食と新しい活動に対する取組
み方 ……………………… 126
偏食と着替えの仕方 ……… 129
偏食と協調性 ……………… 119
偏食と根気 ………………… 120
偏食と食事にかかる時間 … 128
偏食と対応の柔軟性 ……… 125
偏食と同調性 ……………… 125
偏食と友だちの数 ………… 123
偏食とトラブル …………… 124
偏食と人間関係の取り方 … 122
偏食とリーダーシップ …… 121

扁桃体 ……………………… 169
保育所におけるアレルギー対応
ガイドライン …………… 184
保育所における食事の提供ガイ
ドライン ………………… 184
保育所保育指針 …………… 181
放射性物質検査証明書 ……… 73
ポートフォリオ …………… 113
ホームページ ……………… 113
保護者の養育態度（拒否－保護）
………………………………… 135
保護者の養育態度（支配－服従）
………………………………… 134

〔ま・み〕

学びへと向かう力 …………… 56
味覚過敏 ……………………… 2
味覚の発達 ………… 170, 171
3つの視点（保育指針）…… 181
ミニ栄養コメント ………… 100
ミニミニ田んぼ ………… 62, 63

〔ゆ・よ〕

ユネスコ無形文化遺産 ……… 96
養護 ………………………… 181
幼児期の終わりまでに育ってほ
しい姿 …………………… 178
洋食化 ……………………… 190
幼稚園型認定こども園 ……… 18
幼稚園教育要領 ……… 24, 178
幼保連携型認定こども園教育・
保育要領 ………………… 185
ヨモギ団子 …………………… 70

〔り・れ・わ〕

離乳 ………………………… 182
離乳食 ……………… 162, 182
レジリエンス ………………… 51
ワンオペ育児 ………………… 16

著　者

濱名　清美
(はまな　きよみ)

学校法人あけぼの学院
認定こども園 武庫愛の園幼稚園 園長　栄養士

事例等提供者・執筆者 (掲載順) いずれも武庫愛の園幼稚園教諭

西谷　彩
(にしたに　あや)
第Ⅰ部第3章実践事例1・4

梅田　陽子
(うめだ　ようこ)
第Ⅰ部第3章実践事例2

鮫島　沙織
(さめじま　さおり)
第Ⅰ部第3章実践事例3・7

安居真樹子
(やすい　まきこ)
第Ⅰ部第3章実践事例5・8

黒木　佳奈
(くろき　かな)
第Ⅰ部第3章実践事例9

福谷　純子
(ふくたに　じゅんこ)
第Ⅰ部第3章実践事例10

第Ⅲ部第1章

第Ⅲ部第2章1.（1）1）～5）

松岡　護
(まつおか　まもる)
第Ⅰ部第3章3.（4）・（5）

山城　妙子
(やましろ　たえこ)
第Ⅲ部第1章

難波　義晴
(なんば　よしはる)
第Ⅲ部第1章

第Ⅲ部第2章2.

執筆協力者

岡　法子
(おか　のりこ)
武庫愛の園幼稚園教頭

福田　幾代
(ふくだ　いくよ)
武庫愛の園幼稚園栄養士

中村るみ子
(なかむら　こ)
武庫愛の園幼稚園調理師

第Ⅲ部イラスト　福谷純子

写真提供・選定　松岡　護

食育と保育をつなぐ
―こどもをまん中においた現場での実践―

2018 年（平成 30 年）5 月 1 日　初 版 発 行

著　者　濱 名 清 美

発 行 者　筑 紫 和 男

発 行 所　株式会社 建 帛 社
　　　　　KENPAKUSHA

〒112-0011　東京都文京区千石 4 丁目 2 番 15 号
TEL　(03) 3944 - 2611
FAX　(03) 3946 - 4377
http://www.kenpakusha.co.jp/

ISBN 978-4-7679-5079-2　C3037　　さくら工芸社／教文堂／ブロケード
©濱名清美，2018.　　　　　　　　　　　　　Printed in Japan
（定価はカバーに表示してあります）

本書の複製権・翻訳権・上映権・公衆送信権等は株式会社建帛社が保有します。
JCOPY 〈出版者著作権管理機構　委託出版物〉
本書の無断複製は著作権法上での例外を除き禁じられています。複製される
場合は，そのつど事前に，出版者著作権管理機構（TEL 03-3513-6969，
FAX 03-3513-6979，e-mail : info@jcopy.or.jp）の許諾を得て下さい。